Andrea, Guido, Marcello
und Roberto

DER LETZTE MANN

Machismus + Feminismus: die Krise der Rolle des Mannes 4 Bekenntnisse

Herausgegeben und mit einem Vorwort
von Marco Lombardo-Radice

Aus dem Italienischen
von Wolfgang Sebastian Baur
und Dieter Schwarz

Rowohlt

Die Originalausgabe erschien 1977
unter dem Titel «L'ultimo uomo.
Quatro confessioni-riflessioni sulla crisi
del ruolo maschile» bei Savelli in Rom
Dieter Schwarz übersetzte das Vorwort von
Marco Lombardo-Radice und den Text von Marcello,
Wolfgang Sebastian Baur die Texte von
Guido, Andrea und Roberto
Umschlagzeichnung von Pablo Echaurren
Typographie des Umschlags von Manfred Waller

1. Auflage Februar 1978

Gesamtherstellung
Clausen & Bosse, Leck/Schleswig
Printed in Germany
ISBN 3 498 00013 6

Inhalt

für Giorgio Caldart

Alle Macht den Frauen?

Vorwort

Seit Jahren nun schon führt der Feminismus das Wort, überzieht Straßen und Plätze, bringt die Parteien der traditionellen Linken in die Klemme und die Organisationen der neuen Linken aus dem Geleis. Mag sein, er bringt auch den einzelnen männlichen Genossen in die Krise. Und nicht allein die Genossen, denn wenn man den Zeitungsfeuilletons glauben soll, die die Krise des Mannes jeden rechten oder unrechten Augenblick zitieren, so geht es darum, das Überhandnehmen von Vergewaltigungen oder die Ausbreitung der Impotenz zu erörtern. Aber wenn man auch nicht leugnen kann, daß in allen Bereichen eine Verbesserung – wenn nicht gar eine substantielle Veränderung – des Verhältnisses zwischen Mann und Frau im Gang ist, so ist doch unbezweifelbar, daß die Art der Krise, in die die männlichen Genossen geraten sind, ganz besonderes Ausmaß und Gewicht hat. Und das nicht nur, weil es für sie (für uns) nicht darum geht, sich auf einen ‹Feminismus› in Anführungszeichen und Großbuchstaben einzustellen, vielmehr auf den greifbaren und quälenden Feminismus der Gattin, der ‹Frau›, der Tochter oder Genossin, sondern auch und vor allen Dingen, weil die Genossen im Feminismus zunächst (um ehrlich zu sein, nicht sofort) eine Befreiungshoffnung für sich sahen (die Frauen befreien, indem sie sich selbst befreien, auch die ‹erste› Hälfte des Himmels mit), später das quälende Bewußtsein, das auf der Wanderung ans Ende der Nacht, die auf den eigenen Beinen unternommen werden muß, als Ratgeber dienen könnte.

Dieses Buch enthält vier Zeugnisse (Bekenntnisse? Betrachtungen? Pseudo-Selbstbetrachtungen?) männlicher Genossen verschiedenen Alters und in unterschiedlichen Situationen. Es genügt, sie zu lesen, um sich ein Bild davon zu machen, wie weit noch die Krise des Mannes nicht allein von ihrer unmöglichen ‹Lösung›, sondern auch von ihrer Strukturierung als Krise entfernt ist. Wir stehen noch mitten im finsteren Walde. Und dem Verfasser des Vorworts bleibt darum bei der offenkundigen Unmöglichkeit, Schlüsse zu ziehen, zu Synthesen zu kommen und Prognosen zu stellen, nichts anderes übrig, als sich ein paar einzelne nüchterne Überlegungen zu machen.

Lob des Antifeminismus. Über Impotenz und Phantasie

In einer Geschichte des Verhaltens der Genossen dem Feminismus gegenüber – sie ist überhaupt noch zu schreiben – wird man, meine ich, drei verschiedene Momente unterscheiden müssen, die historisch einer auf den anderen folgen, aber individuell miteinander verbunden sind, einander ablösen und auf alle möglichen Weisen miteinander verknüpft sind. Übergehen wir (aus geschlechtlicher Nächstenliebe) den ersten, nämlich den des Feminismus als kleinbürgerlicher Entartung und phantasievoller Erfindung des Kapitals, um die Massen von dem prinzipiellen Widerspruch und der siegreichen Revolution, die um die Ecke stattfand, abzulenken, und halten wir uns kurz bei den anderen beiden auf.

In dem Augenblick, als dem Feminismus das revolutionäre Bürgerrecht zuerkanntworden war – oder besser: er es sich mit Gewalt erobert hatte – und er also (mit einer ziemlich verdächtigen Geschwindigkeit und Einmütigkeit) zu einer Realität geworden war, mit der sich jeder aktive Kämpfer oder versprengte Genosse auseinanderzusetzen hatte, da war die verbreitetste Haltung unter ihnen (uns), glaube ich, die einer messianischen Erwartung. Die Geschichte des ‹Genossen Herr›, der entschlossen ist, seine Privilegien mit Zähnen und Klauen zu verteidigen, ist – im wesentlichen – ein Märchen, ist eine vereinfachte und dumme Version davon, wie der Genosse seine Macht ausübt. In Wirklichkeit haben wir alle – wenngleich auf verschiedene Art – etwas recht Einfaches gesagt: «Gut, bis jetzt wußten wir genau, daß wir ein Scheißleben führen und eine beschissene Rolle haben und zutiefst unglücklich sind: aber wir wußten nicht, was wir machen sollten. Nun wissen wir es: alle Macht den Frauen! Macht aus uns, was ihr wollt, entzieht uns jegliche Macht, nehmt uns alle Privilegien: aber zeigt uns den Weg. Ihr kennt ihn!» Und das kann nicht allzusehr in Erstaunen versetzen: denn wenn wahr ist, daß die Protagonisten jedes revolutionären Prozesses die Ausgebeuteten und Unterdrückten sind, die nichts als ihre Ketten zu verlieren haben, so ist auch wahr, daß die bessere marxistische Orthodoxie die Möglichkeit des Überlaufens, der Wanderung von zur herrschenden Klasse gehörenden Individuen oder Gesellschaftsschichten vorsieht, die an einem bestimmten Punkte die Vorherrschaft der Arbeiterklasse akzeptieren (man denke nur an die Bürgerkinder, von denen Gramsci spricht), ‹freiwillig› auf eine privilegierte Stellung verzichten oder sogar aktiv an ihrer Beseitigung mitarbeiten. Alle Macht den Frauen also. Damit sie aus den Küchen herauskommen, werden wir uns gern und mit demselben Enthusiasmus hineinbegeben, mit dem zu anderen Zeiten die Papasöhnchen in die Fabrik eintraten. (Und hier stimme ich also mit der Auswahl des Freundes und Genossen, der den Buchumschlag gezeichnet hat, nicht überein, wenn es mir persönlich auch nahegeht: aber ich glaube, einer von den ganz wenigen gewesen zu sein, die auch über das Tellerwaschen und ähnliches einen Aufstand gemacht haben.) Damit sie beim Vögeln oben liegen. Damit sie zu den Versammlungen gehen, während wir auf die Kinder aufpassen. Damit sie sich quälen lassen können, von wem es ihnen paßt. Damit sie uns beschimpfen, mißhandeln, mit Vorwürfen an die Wand drücken. Wenn sie uns nur ändern. Wenn sie uns bloß sagen, was wir tun sollen. Aber sie haben uns nichts gesagt. Unsere Hoffnung, daß uns der Weg gewiesen würde, erstarb Tag für Tag in Frustration und Ohnmacht. Es konnte aber nicht anders sein als so, es war richtig, daß es so war, denn wir waren es, die falsch verstanden hatten, die hatten falsch verstehen *wollen*, um noch einmal, wenn auch unter falschem Namen, unsere Rolle und unsere Macht zu verteidigen, um nicht wirklich in die Krise zu geraten. Alles richtig. Und trotzdem gibt es keinen, der, auch wenn er das begriff, nicht gerufen hätte (mit lauter Stimme die Aufrichtigen und Spontanen, leise in ihrem Herzen die Heuchler und Ideologieabhängigen): «Also was, verflucht noch mal, wollt ihr denn nun eigentlich von mir?» Und so kam ein gesunder und ergiebiger Antifeminismus zur Welt.

Denn, seien wir ehrlich, in diesen letzten Jahren haben uns die Genossinnen ausgesuchten und grausamsten Torturen, Beleidigungen und Zwängen jeder Art unterworfen. Nicht nur haben sie sich ostentativ geweigert, uns Vorschriften, Hinweise oder auch bloß Ratschläge zu geben; sondern sie haben auch in der Praxis das geleugnet, was sie theoretisch behaupteten, und in der Theorie geleugnet, was sie dennoch praktizierten; sie haben von uns gefordert, und zwar je nach ihren wechselhaften Launen (uterin wie sie sind), uns zu ändern oder so zu bleiben, wie wir sind, bald Männer zu sein, bald Eunuchen, heute alt, morgen neu und dann wieder alt und so weiter. Beispiele könnte man jede Menge herzählen. Wem ist nicht die Rolle des Vaters und Beschützers angekreidet und zum Vorwurf gemacht worden, wer hat sich nicht gleich darauf (vielleicht eine halbe Stunde später!) zu Kuscheln, Streicheln und ‹Verständnis› aufgefordert gesehen? Wer hat nicht bis zum Überdruß das Lob toleranter Beziehungen singen hören, um darauf die furchterregendsten Eifersuchtsszenen zu erleben? Wer hat nicht mit eigenen Augen gesehen, wie diese Wildkatzen, die der Zweierbeziehung so feindlich gegenüberstehen, nichts anderes machen, als das Verhältnis zu dem unglücklichen und gequälten Genossen durch andere Beziehungen, die ebenso oder weitaus mehr auf ‹Zweisamkeit› abgestellt sind, zu ersetzen oder zu flankieren, noch dazu am liebsten mit Chauvinisten oder Halbidioten? Wenn wir dann in die Höllen der Jüngsten hinabsteigen (wo mir der Feminismus größere Lebendigkeit und Haltbarkeit als in vielen erwachsenen und so ungeheuer entwickelten Gemeinschaften zu haben scheint), ist die Situation dort vielleicht noch schlechter. Die fünfzehnjährigen Genossen erzählen: «Wenn du das Männchen herauskehrst und sie abzuschleppen versuchst, behandeln sie dich als Trottel (und du kommst dir auch so vor). Aber wenn du dieses Männchengehabe aufsteckst, kannst du warten, bis du schwarz wirst, daß ein Mädchen dich anredet oder dich bei der Hand nimmt.» «Sie reden und reden, aber dann haben sie Augen nur für diese schönen smarten Typen, die auf Versammlungen gut reden oder gut Gitarre spielen können.»

Ich habe aber den Eindruck, daß unser Verhältnis zum Feminismus sich erst endgültig hinter den Türen und in der Verschwiegenheit der Schlafzimmer verschlechtert hat. Denn hier haben uns die Widersprüche und Inkonsequenzen dieser verflixten Frauen noch schmerzhafter getroffen (wenn man mir den Ausdruck aus dem Boxer- und Kasernenjargon gestattet: unter der Gürtellinie). Seht doch mal, im Endeffekt ist – wie es uns die Feministinnen bereits allzu oft und zum Überdruß auseinandergesetzt haben – unsere einzige Art und Weise, die Sexualität aufzufassen (vor der wir in Wirklichkeit Angst haben), jene traditionelle, historisch und kulturell festgelegte: die des aggressiven Mannes, Eroberers, Egoisten und Verführers. Diese Art und Weise, Sexualität aufzufassen und zu praktizieren, wird eines schönen Tages zur Diskussion gestellt und heftig angegriffen. Sehr gut. Wir erklären uns dazu bereit, darauf zu verzichten. Und nicht genug: für viele von uns setzt sich nach und nach der freiwillige und moralistische Verzicht (im Grunde eine nutzlose Art von self-control und Selbstunterdrückung) in die konkrete Unfähigkeit um, jene Rolle anzunehmen, in ein ‹Unvermögen, normal zu sein› (und nur in diesen Fällen kann man, meiner Ansicht nach, im korrekten Sinne von der ‹Krise der Rolle des Mannes› sprechen). Unfähigkeit und Unvermögen, die – wir bewegen uns ja auf dem Felde der Sexualität –, um wirklich zu sein, nicht nur äußerlich zu sein brauchen, sondern auch und vor allen Dingen vegetativ sind; sie müssen sich schließlich körperlich auswirken. Sie müssen vor allen Dingen ein anderes Verhältnis zu unserem Glied nach sich ziehen und eine andere Art und Weise seiner Funktion: nicht mehr als Herrschaftszeichen, Kommandostab und pulsierendes Zeugnis unserer Virilität, sondern als etwas ganz anderes, zum Beispiel als kleiner Bruder (nicht mehr nur im embryologischen Sinne, sondern auch psychologisch und was sein Verhalten angeht) der ach so gepriesenen Klitoris.

Über diesen interessanten und positiven Vorgang sind die Feuilleton-Psychologen begierig und mit dem Alarmschrei von Männchen hergefallen, die der Feminismus impotent gemacht hat. Aber der Irrtum dieser Herren liegt (und wie sollte man darüber verwundert sein?) in der Handhabung, beziehungsweise in der Auffassung (und Definition) von *Potenz* und *Virilität.* Sie sehen als allgemein akzeptiert und ‹normal› an, daß die sexuelle Erregung und Lust bei der Frau bestimmte psychologische und atmosphärische Bedingungen, ein gutes Verhältnis zum Partner, eine je nach den Umständen wechselnde Anzahl von Vorspielen erfordern. Sie sehen auch als normal an (ja, schon als allzu normal, die braven Männchen), daß die weibliche Sexualität nicht immer und ausschließlich genital ist, daß es für die Frau eine sexuelle Dimension auch ohne das Anschwellen erektiler Körper oder die Produktion verschiedener Flüssigkeiten gibt. Aber daß dieselben Dinge auch für einen Mann stimmen könnten, Gott bewahre, nein! Potenz in *ihrer* Definition bedeutet: «Allzeit bereit!» oder «Eins, zwei, drei, präsentiert das Gewehr!» Aber wir sagten ja schon, über diese Leute dürfen wir uns sicher nicht wundern.

Viele von uns aber haben Grund zur Verwunderung darüber gehabt, wie die Genossinnen – im allgemeinen – auf diese Krise unserer Geschlechterrolle reagieren, die von ihnen doch beharrlich verfolgt, gewünscht und verfochten wird. Sie reagieren schlecht, sehr schlecht. Nachdem sie uns die männliche aggressive Sexualität dermaßen zum Vorwurf gemacht haben, den Phalluskult und unsere Fühllosigkeit, und daß wir immer nur an das Eine dächten und es selbst in den schwärzesten Augenblicken unbedingt treiben wollten, da, an dem Tage, an dem sie sich den nun endlich feminisierten und schwachen Männern gegenüber sehen, beginnen sie sich besorgt zu fragen, ob sie uns etwa nicht mehr gefallen oder ob wir homosexuell geworden sind. Und sollte – auch wenn sie nicht bis zu diesen Extremen gelangen – ihm das auch überhaupt nicht passen, sie wissen trotzdem nicht, was sie mit diesem Männchen in der Krise anfangen sollen. Die Klemme wird an diesem Punkt dramatisch. Solange unsere Rolle sich nicht in der Krise befindet (oder den Frauen gegenüber sich nicht in der Krise befindet: schizophrene Erscheinungen im Rollenverständnis sind alles andere als selten), werden wir behandelt und fühlen wir uns wie Arschlöcher. Wenn aber gegenüber wem auch immer unsere Rolle in der Krise steckt, werden wir noch schlechter behandelt und fühlen uns auch so. Der Antifeminismus bekommt einen Anstrich von Haß. Aber das sind – dennoch – Begleiterscheinungen.

Die Hauptschwierigkeit des zunehmenden sexuellen Nichtverständnisses zwischen uns und den Frauen liegt meiner bescheidenen Meinung nach im Problem der Phantasie. Über die Phantasie – im allgemeinen und im besonderen über die der Sexualität – wird irgend jemand früher oder später mal eine Abhandlung schreiben müssen. Hier aber beschränken wir uns auf wenige Andeutungen, die unseren Ausführungen förderlich sind. Die tatsächliche Gewalt – oder zumindest der Ursprung der Gewalt –, die sich im sexuellen Verhältnis zwischen einem Mann und einer Frau abspielt, beruht auf der unterschiedlichen Beziehung, die die beiden Partner zum Phantasiebereich haben. Noch einmal, unsinnig sind die Schilderungen von den Genossen als Notzüchtigern, die im Prinzip nur darauf aus sind, die eigenen Ansprüche durchzusetzen, indem sie die der Frau unterjochen (wenn es natürlich auch solche Genossen gibt, so sind sie doch die Ausnahme und nicht die Regel). Die Wahrheit ist, daß jeder Genosse in die sexuelle Beziehung hineingeht mit:

1) einem Bestand an Phantasieerfahrungen unterschiedlicher Wertigkeit, der aber jedenfalls extrem weit gefächert ist, und
2) der Fähigkeit, Möglichkeit und Lust (wenn einmal die jungenhaften Anfangsschamhaftigkeiten überwunden sind), diesen Bestand im Kontext der sexuellen Beziehung mitzuteilen.

Beide Dinge fehlen – für gewöhnlich und zumindest in der ‹männlichen› Form – den Genossinnen (und den Frauen allgemein). Aus Ursachen, die wir hier nicht prüfen werden, denn die Frauenbewegung selber hat eine ausführliche und befriedigende Untersuchung darüber angestellt: was Unterdrükkung, was das häufige Ausbleiben und das besondere Erlebnis weiblicher Masturbation sind; die Erziehungsmodelle, die der Entwicklung der Sexualität der Frau aufgezwungen werden; die historisch-kulturellen Muster der Schande, Scham, Passivität, Sanftheit und so weiter. Eine Situation des

Ungleichgewichts (und damit der Gewalt) ist also immer und auf jeden Fall im Koitus zwischen Mann und Frau präsent, und es ist vernünftigerweise nicht denkbar, daß diese Situation von den heute erwachsenen Generationen vollkommen überwunden werden könnte, da tiefgreifende Umformungen der Psyche, ob uns das gefällt oder nicht, nur innerhalb bestimmter Grenzen möglich sind. Aber für die, die auf diesem Gebiet kämpfen wollen, bleibt eine genaue Formulierung des Problems wesentlich. Nun gut, mir scheint, daß die erste Frage, auf die man antworten muß, die ist, ob es ‹unvernünftige› Phantasien gibt und (gesetzt, es gibt sie) wie man sie ‹behandeln› muß. Erläutern wir das am Beispiel. In wohl zwei der folgenden Beiträge wird das Problem der Fellatio angeschnitten (die von den Jungs vulgär als ‹Schwanzlutschen› bezeichnet wird). Man hebt mit Recht hervor, daß die große Anziehung, die sie auf die Männer ausübt, auf ihren symbolischen Wert zurückzuführen sei, auf die ‹Macht›, die sich in ihr konkretisiert, auf die sadistischen Phantasien, die sie befriedigt. Aber können wir die männlichen Phantasien als ‹verkehrt› bezeichnen, die die Fellatio forcieren und bestärken? Von einem bestimmten Gesichtspunkt aus vielleicht ja: in dem Sinne, daß es möglich ist, daß die sadistischen Phantasien und Machtträume, die heute in jedem Manne zu finden sind, das Produkt zwar jahrtausendealter historisch-kultureller Konditionierungen, aber auf jeden Fall an eine Herrschaftssituation gebunden sind; und so ist also denkbar, daß in einer sehr langen Perspektive revolutionärer Beziehungen zwischen den Geschlechtern diese Phantasien dazu verurteilt sind unterzugehen. Einige indirekte Belege zugunsten dieser These bekommen wir von der Anthropologie. Aber auf der anderen Seite ist auch wahr (Freud docet), daß hier und jetzt diese Phantasien einen organischen und wesentlichen Bestandteil der männlichen Sexualität ausmachen, von der sie eine Grundkomponente zum Ausdruck bringen. Es sind also weder der ‹Gewissensdruck› noch die ‹Selbstkritik› dazu nütze, sie auszurotten. Das einzige was wir machen können, ist, sie zu unterdrükken. Und das ist es, worauf ‹der Politiker› anspielt, wenn er versichert, gemeinsam mit Irene entdeckt zu haben, daß das Schwanzlutschen (*er* drückt sich so aus) auch *nicht* Gewalt und Unterjochung sein kann: vielen Dank, möchten wir zu ihm sagen, wir alle wissen genau, daß keine Geste jemals eine eindeutige Wertigkeit hat, daß sie vielmehr diametral entgegengesetzte Bedeutungen annehmen kann; aber wenn einmal die Geste von ihrem symbolischen Wert getrennt ist, was bleibt dann noch von ihr? Ist dies dann nicht jedenfalls eine reine und unverstellte Form von Unterdrückung? Ich glaube nun nicht, daß die Unterdrückung wichtiger Komponenten unserer Sexualität (ihre totale Unterdrückung, gewiß nicht jene gelegentliche, die man sehr zu Recht praktizieren können muß) in irgendeiner Weise unserer ‹sexuellen Revolution› und einer wirklichen Veränderung des Mann-Frau-Verhältnisses dienlich sein kann; ich denke im Gegenteil, daß, je mehr wir imstande sind, unsere Phantasien (auch die schlechteren) zu ‹agieren›, es desto eher möglich sein wird, sie ‹progressiv› umzuformen und auszuarbeiten. Auch weil das genau auf dem Wege der Wiederaneignung *ihrer* Sexualität und also der Entdeckung der Phantasie und ihrer Mitteilung liegt, sind die Frauen dabei, sich zu bewegen: und es wird daher auf einer höheren Stufe der Befreiung der Phantasie möglich und ersprießlich sein, daß wir den Genossinnen ‹wiederbegegnen›. Uns heute zu begegnen und das objektiv vorhandene Ungleichgewicht aufzulösen, indem wir unsere Sexualität beschnitten und unterdrückten, um sie der der Frauen anzugleichen, wäre nichts als bloße Täuschung und Heuchelei.

Also, keine wirkliche Begegnung ist heute zwischen uns und den Genossinnen möglich (auch wenn wir uns offensichtlich weiter begegnen und begegnen werden: aber unsere Wege bleiben getrennt). Folglich können wir von der feministischen Bewegung noch keinen Beitrag zu *unserer* Kulturrevolution erwarten, wenn nicht den im negativen Sinn, daß wir Tag für Tag unsere Einsamkeit als Männer mit Händen greifen können. Es geht also darum, auf eigenen Beinen zu laufen. Und vielleicht ist das möglich.

Über die Einsamkeit. Homosexualität bedeutet nicht Freiheit, aber . . .

‹Der Jüngste› sagt: «Was zum Beispiel das ‹Hinnehmen der eigenen Einsamkeit› betrifft, wenn man es so nennen kann, so ist es mir erst dann gelungen, das bis ins letzte zu verstehen, als ich mich wirklich allein fühlte.» Und das scheint mir eine Erfahrung zu sein, die man verallgemeinern kann. Erst seitdem uns der Feminismus tatsächlich dieser unserer Vervollständigung beraubt hat, die wir narzißtisch stets in den Frauen gesucht haben, haben wir das Problem der Einsamkeit uns ernsthaft zu stellen begonnen. Es war vor allem als Angst und Qual zu betrachten, als Trauer über eine Welt und eine Glückseligkeit, die wir für immer verloren haben; es als in die Länge gezogenes ‹replay› einer anderen, entfernteren und unwiderruflichen Trennung zu erleben, deren Kummer zu stillen die Frau tauglich war. Mittlerweile aber ist es Zeit geworden, daß diese Einsamkeit sich in eine positive Erfahrung verwandelte (oder besser, auch sei). Oder zumindest ist es Zeit, sie zu akzeptieren. Denn zu jener Wiederbegegnung mit den Genossinnen, von der wir oben sprachen, werden *wir* als erstes und wichtigstes ein anderes ‹Bedürfnis› nach der Frau mitbringen müssen, das nicht mehr durch unsere Brutalität von früher verdorben ist, nicht mehr die Krücke für unser hinkendes Herumzigeunern, sondern *neu und anders, als wir es kennen,* um so zu einer Beziehung voller Liebe und Sehnsucht zu gelangen.

Nun gut, den, der – wie der Verfasser des Vorworts – glaubt, daß die Sexualität der Ursprung vieler verschiedener Dinge ist, führt ein Gespräch über die Einsamkeit unmittelbar zu einer Erörterung der Masturbation (von der unter anderem in zwei der folgenden Texte die Rede ist).

Alle wissen, daß die Masturbation für Männer eine weitverbreitete Übung ist. Aber vielleicht wissen nicht alle, daß diese Übung dann normalerweise danach drängt, aufzuhören, und zwar endgültig oder beinahe, wenn auf die erzwungene Abstinenz der Jugend die Möglichkeit (und sei es auch nur die gelegentlicher) sexueller Beziehungen folgt. Die Masturbation wird also praktiziert, solange «sie nicht wirklich schön, nicht das Resultat einer freiwilligen Entscheidung, nicht eine der Manifestationen des eigenen sexuellen Reichtums ist, sondern im Gegenteil, solange sie eine armselige und beschämende Zwangshandlung (. . .), Ausdruck des sexuellen ‹Notstandes› ist, in dem die Jungen – in der großen Mehrzahl – sich befinden»*; mit ihr wird genau dann aufgehört, wenn sie ihre positiven Werte gewinnen könnte. Es ist also offenkundig, daß wir uns einer schweren kulturell-edukativen

* L. Manconi, M. Sarno: Porci (?) con le ali (?) [Schweine (?) mit Flügeln (?)] in: Ombre rosse, 1976, Nr. 17

Konditionierung gegenübersehen, die dem Mann in der Heterosexualität die einzig mögliche und akzeptable Äußerung der eigenen Sexualität vorweist *und somit in der Frau auch und vor allem das passive Instrument zur Befriedigung der eigenen biologischen Bedürfnisse* und folglich auch zur Befriedigung von Bedürfnissen anderer Art. Mit anderen Worten, das Verlangen nach *einer* Frau gewinnt die Oberhand über die Sehnsucht nach einer *bestimmten* Frau und endet (um es mit einer etwas ordinären Bezeichnung zu sagen) bei der Suche nach einem x-beliebigen Loch.

Die Möglichkeit ‹sexueller Autonomie›, die die einer bejahten Einsamkeit andeutet und in sich begreift, ist folglich eine elementare Voraussetzung für jede mögliche neuartige Wechselbeziehung zur Frau als Einzelwesen. Auch für uns Männer ist also die Wiederentdeckung der Masturbation objektiv von Wichtigkeit.

Wollten wir uns aber auf die Erkundung des Universums unserer Einsamkeit beschränken, dann wird offenbar, daß unsere Wiederbegegnung mit den Genossinnen darauf hinausliefe, das Ende einer Sühneperiode zu sein, und bedeutete, daß ein neues bipolares affektiv-sexuelles Modell aufgestellt würde, das auf der einen Seite von der masturbatorischen Einsamkeit, auf der anderen von der heterosexuellen Vereinigung gebildet würde. Das fehlende Element ist aber eine neue Beziehung zu den anderen Männern, das bedeutet, die Überwindung der aktuellen Beziehungen als ‹Solidarität der Macht› auf der einen, als Konkurrenz-Aggressivität auf der anderen Seite.

Es handelt sich mit anderen Worten darum, jenen circulus vitiosus zu durchbrechen, durch den unser Leben mit anderen Männern uns die Sicherheit von Bündnissen und die Unsicherheit von Gefühlseinsamkeit und der Notwendigkeit bietet, uns fortwährend zu verteidigen, beides Grund und Ursache für die Fortdauer der Unterdrückung der Frau als Trösterin/Sklavin.

Es ist klar, daß wir hiermit in die Diskussion der Homosexualität oder, besser gesagt: der homosexuellen Beziehungen eintreten. Eine Diskussion, in die man sich ja nun ungern begibt, nachdem die bloße Nennung zwangsläufig den grenzenlosen Schwachsinn in Erinnerung ruft, den man binnen weniger Jahre bei der ‹Linken› über dieses Thema zu produzieren vermocht hat. Und es liegt wirklich nur daran, abgesehen von der objektiven Komplexität des Themas, daß die Diskussion darüber in diesen kurzen einleitenden Überlegungen nicht aufgenommen werden kann. Wir werden uns darum auf eine so apodiktische wie banale Überlegung beschränken: die homosexuellen Beziehungen (wir sprechen – versteht sich – von den männlichen) sind weder ein Allheilmittel noch eine Zauberformel, sie werfen (mutatis mutandis) dieselben Probleme wie heterosexuelle Beziehungen auf, sind meistens dramatisch, widersprüchlich und zum

Scheitern verurteilt. Sie bedeuten keineswegs Freiheit.

Aber sie bieten (oder besser: können bieten) die Chance, zu entdecken, daß Liebe, Zärtlichkeit, Sich-gehen-lassen, Eifersucht, Verliebtheit und alle möglichen anderen schönen und unschönen Dinge nicht *notwendigerweise* dem Revier heterosexueller Schlafzimmer vorbehalten und aus den Beziehungen zwischen Freunden, Genossen und Nachbarn verbannt sind. Sie sind eine unübersehbare Demonstration dafür, daß unsere verwickelte Bürde aus Affekten, Bedürfnissen und Empfindungen innerhalb eines viel weiteren Universums erlebt werden kann als dem der Beziehung zu einer oder so und so vielen Frauen. Sie sind die einzige Möglichkeit, den Frauen die schwere historische Last von den Schultern zu nehmen (die sie jedenfalls auch nicht mehr tragen wollen), die Trösterinnen der Menschheit und das Sammelbecken für die dürftige männliche ‹Menschlichkeit› zu sein.

Ich habe den größten Respekt vor den sogenannten absolut Heterosexuellen (wie unserem ‹Politiker›, der sich fast übergab bei der bloßen Vorstellung, daß er seinem besten Freund den Schwanz lutschen könnte), denn ich halte alle die Theorien für banale Torheiten, die die Ablehnung homosexueller Beziehungen (oder das Entsetzen davor) als ein Produkt oberflächlicher und leicht zu überwindender Formen von Unterdrückung ansehen. Ich glaube vielmehr, daß diese Genossen deutlich die enormen Beschränkungen sehen sollten, die ihre rigide Heterosexualität jedem Versuch einer Revolutionierung der Beziehungen auferlegt, der Mann-Frau-Beziehungen vor allem.

Lob der Liebe

Das sind also knapp angedeutet zwei Fährten, auf denen wir Männer uns bewegen könnten. Es gibt noch viele andere oder man könnte welche erfinden, wenn man nur Lust dazu hätte. Aber haben wir denn wirklich Lust? Ja und nein, glaube ich. Ja, weil auch wir das Elend sehen und mit Händen greifen können, das uns umgibt. Ja, weil wir Lust zur Veränderung haben. Ja, weil wir Kommunismus brauchen. Und nein, warum nein? Weil wir Privilegien zu verteidigen haben? Macht zu erhalten? Klar, auch das gibt es. Aber auch aus einem anderen, ganz banalen Grund, der vielleicht letztlich das einzige ist, was wir noch gemeinsam haben, wir und ihr, Genossinnen Frauen.

Weil die Liebe, die wir für euch empfunden haben und empfinden, mit all ihren Verdrehtheiten und Monstrositäten doch immer etwas sehr Schönes war.

Weil es wunderbar ist, Hand in Hand spazierenzugehen oder einen Nachmittag zusammen im Bett zu verbringen oder zum Küssen in ein Vorstadtkino zu gehen.

Weil auf dieser Scheißwelt euer Lächeln, eure Brüste und eure Worte die schönsten Dinge gewesen sind.

Weil wir Lancelot lieben, der Ginevra liebt, auch wenn er ein chauvinistischer Mann und sie eine Unterdrückte ist.

Weil wir nicht darum verlegen sind, euch zu sagen, daß wir euch lieben.

Weil das Leben kurz ist und dem Manne (und der Frau) nichts geschenkt wird.

Weil wir wissen, daß wir es nicht mehr fertigbringen werden, die ersten neuen Männer zu sein, und deshalb vielleicht am liebsten die letzten Männer von früher sind.

Marco Lombardo-Radice

Vorbemerkung des Herausgebers

Auf den folgenden Seiten werden die Leser vier Zeugnisse finden. Die vier in der Krise steckenden Männer haben nur ihre Zugehörigkeit (im weitesten Sinne) zu jenem Bereich der revolutionären Linken gemeinsam, der am meisten von den Problemen in Atem gehalten wurde, die der Feminismus aufwarf; im übrigen repräsentieren sie recht verschiedene Altersstufen (zwischen 18 und 30) und Situationen. Trotzdem ist unverkennbar, daß wir keinerlei Anspruch erheben, ein ‹repräsentatives› Musterbeispiel des Genossen in der Krise ausgewählt zu haben, was auch keinesfalls möglich gewesen wäre angesichts der Vielgestaltigkeit, in der sich die Krise selbst äußert.

Nach sorgfältiger, aber recht kurzer Überlegung (von vielleicht ein paar Sekunden) haben wir uns zur strengsten Anonymität entschlossen: und zwar, weil es uns absolut unmöglich erschien, ohne sie auch nur halbwegs ehrliche Aussagen zu erhalten. Strenge Anonymität bedeutet nicht nur das Fehlen oder die Tarnung von Namen (die allein dem Verfasser des Vorworts bekannt sind, von dessen professioneller Verschwiegenheit man weiß), sondern auch die sorgfältige

Veränderung aller Angaben (der politischen Organisation zum Beispiel), die zur Identifizierung der Autoren führen könnten. Wir erklären das hier ausdrücklich, weil wir bei einer vorhergehenden Gelegenheit mit Kummer haben feststellen müssen, daß das Spielchen «Wer ist es?» bei bestimmten Genossen sehr im Schwange ist (selbst wenn es sich um reine Phantasiegestalten handelt). Sie wollen wir bei dieser Gelegenheit vor einer unnützen Vergeudung ihrer Zeit bewahren, die sie zweckmäßiger zur Lösung des Namensrätsels verwenden, das wöchentlich in der ‹Settimana Enigmistica› (Rätselwoche) veröffentlicht wird.

Der Herausgeber hat nur ganz minimal in die Texte eingegriffen: bei meinen Anweisungen habe ich mich darauf beschränkt, um Aussagen zu bitten, die versuchen sollten, den Klippen der Groschenpresse wie denen des theoretischen Bombasts zu entgehen; die Texte werden im übrigen so publiziert, wie ich sie erhalten habe, wobei ich Freimütigkeiten, Wiederholungen, Gedankenschnörkel und selbst Fehler im Satzbau unangetastet gelassen habe. Ich habe mich mit der niedrigen Aufgabe begnügt, den Text des ‹Jüngsten› in die Maschine zu schreiben, die Tippfehler des ‹Intellektuellen› zu korrigieren (O diese Intellektuellen . . .) und andere Kleinigkeiten mehr. Es ist klar, daß man viel über die folgenden Texte sagen könnte: aber die Rücksicht des Herausgebers und die Geschlechtssolidarität hindern mich daran.

Die Aufgabe, zu kritisieren, aufzudecken und auszulachen, bleibt so den Lesern und vor allem den Leserinnen.

M. L.-R.

Der Intellektuelle

Für Severina

Giovanni sagt, daß Maria
Giovanni allmächtig nennt,
um Giovannis Macht zu zerstören,
die sie ihm neidet . . .
Maria denkt, daß Giovanni sich irrt.
(Ronald D. Laing)

Eine methodologische Vorbemerkung

Das hier kann keine Selbstbetrachtung sein. Ich kann mich nicht selbstbewußt betrachten. Mein Privates ist nicht politisch. Vielmehr: ich habe nichts Privates. Mein Aktionsfeld ist die Öffentlichkeit, die Geschichte. Vielmehr: ich bin die Geschichte. In dem Augenblick, in dem dies keine ‹Selbstbetrachtung› ist, dient sie mir nicht, politisch gesehen, weist sie mir weder einen Platz in der Geschichte zu, noch verleiht sie mir Existenz.

Wenn es der ‹Schwanz› ist, der Existenz verleiht und Geschichte macht, was beanspruche ich dann für mich? Narzißmus. Gewiß. Außerdem wohl auch noch das subtile Vergnügen, schlecht von sich selber zu reden: ein Vergnügen, das sich Mächtige und Sieger leisten können. Zudem verliert diese ‹Selbstbetrachtung›, da sie anonym ist und niedergeschrieben, ohne den Narzißmus zu befriedigen, den politischen Wert, einmal unterstellt, daß das Reden ‹unter Männern› eine politische Wertigkeit habe.

Man wird so eines weiteren verhaßten Privilegs teilhaftig: ich als Mann in der Krise (nicht bewußt, bloß verwirrt und unglücklich) spreche zu dir über den Mann in der Krise. Und ich muß es ohne Dünkel (wenn man von ‹Krise› spricht, muß man bescheiden sein) und natürlich ohne Opferwillen tun (es macht sich nicht gut, das Opfer zu spielen, wenn man so lange geherrscht hat). Also muß ich mich noch einmal mit Luftsprüngen und Knalleffekten produzieren, muß ich meine öffentliche Gewitztheit einsetzen, noch einmal übernehme ich jene Rolle, in der ich spielen muß, daß ich in der Krise stecke. Weil wahr ist, wie man sagt, daß der einzige Mann in der Krise der tote Mann ist?

Im übrigen können wir aber auch jetzt nicht, da alle (meist ungereimtes Zeug) vom Mann in der Krise reden, den Mund halten, gerade wir als Prozeßpartei nicht. Weder können wir zulassen, daß irgendein Witzblattpsychologe diese verdammte Krise der Rolle des Mannes analysiert. Noch letztlich den Frauen die Aufgabe aufhalsen, zu erläutern und zu verstehen, warum wir in der Krise stecken. Es ist der Augenblick gekommen, wo wir unsere moralische Pflicht auf uns nehmen und versuchen müssen, etwas zu verstehen. Eine im Grunde genommen politische Aufgabe, weil von ihrem positiven Verlauf die Entwicklung des Mann-Frau-Widerspruchs abhängt, die Erweiterung und Entwicklung einer neuen Dialektik, die aus Kampf und – warum nicht? – Krieg besteht, aber auch aus Ergebnissen, neuen und höheren Synthesen.

Wir sagen also nicht ‹Selbstbetrachtung›, die uns für den Moment verschlossen ist, sondern ‹Bekenntnis›: eine typisch männliche und von der männlichen Gesellschaft zum höchsten Ansehen gebrachte Form, man braucht nur an die Religion und das Recht zu denken. Das Bekenntnis also ist ein Bericht privater Dinge, der ohne politische Vermittlung in die Öffentlichkeit tritt und in gewissem Sinn den Begriff der Reue einschließt. Im Gegensatz zur Selbstbetrachtung, die eine Politisierung des Privaten durch die gleiche angewandte Methodologie bedeutet (das Private zwischen Frauen ist politisch), empfängt das Bekenntnis nicht von der Zuhörerschaft seine politische Wertigkeit, die folglich als ganze neu zu entwickeln ist. Nun, da der Begriff der Reue ein Moralbegriff ist, möchte ich ihn durch den der Selbstkritik ersetzen, der mir politisch gültiger erscheint. Außerdem (und um die methodologische Vorbemerkung abzuschließen) führt die Selbstkritik, eben weil sie nicht den moralischen und selbstquälerischen Charakter der Reue hat, nicht automatisch zur Gewissensfrage, noch ist sie automatisch eine Folge davon. Ich möchte also nicht behaupten, daß ich mich nach der Niederschrift sehr gegenüber dem, der ich war, werde verändert haben: meine Männlichkeit in der Krise wird nicht nur dadurch, daß ich sie beschrieben habe, zu einem politischen Faktum. Und das ist der substantielle Unterschied zwischen dem Gegenstand ‹Frauen› und dem Gegenstand ‹Mann›: der erste ein Gegenstand in der Mehrzahl, der zweite leider, aber realistischerweise ein Gegenstand tragischer Vereinzelung, der zur Mehrzahl wird nur in sozialen und politischen Zuordnungen, die so anders als die des Geschlechts sind.

Legende

Jenseits der Ideologie jedoch stellt auch das Bekenntnis (eben als Bekenntnis und nicht als Selbstbetrachtung) eine nur schwer zu überwindende Schwierigkeit dar: das ist die Klippe, die in der Unfähigkeit liegt, bis auf den Grund selbstkritisch und selbstanalytisch zu sein. Sich selber die eigenen Schwächen nachzusehen, ist ein gewöhnlicher Fehler: wieviel gewöhnlicher für den, der (ein Mann), um alle Deformationen der Rolle, die er innehat, augenfällig und öffentlich werden zu lassen, sie in sich zu entdecken versucht: die konstante Pflichtverletzung, den Siegerdünkel, die Verachtung des anderen, die typisch ist für den, der die Macht besitzt, die ‹Arroganz des Schwanzes›, mit einem Wort. Dennoch bleibt die Forderung (eine nicht nur freiwillige Forderung), alles das in sich selbst aufzudecken, diese Arroganz nackt hinzustellen, indem man in ihr die konkreten und praktischen Methoden erkennt, durch die sie sich ausdrückt und manifestiert. Kurz, eine Art Phänomenologie der Arroganz des Schwanzes.

Das ist es: die Schwierigkeit, die diese Klärung sich dabei macht, diese Phänomenologie und diese Forderung zu verdeutlichen. Eine Forderung, die, wie ich gesagt habe, nicht nur freiwillig ist. Sondern, würde ich sagen, vor allem politisch: damit man aufhört, ins Blaue von der Krise einer Rolle (der männlichen) zu schwätzen, die gefestigter denn je ist (und gefestigt gerade durch die Radikalisierung des Sexualkonflikts). Und, würde ich noch sagen, eine persönliche Forderung, die darauf zielt, Möglichkeiten und *Spielräume* zu finden, mit deren Hilfe es möglich ist, auf diese Rolle zu verzichten (die auch den unterdrückt, der die Unterdrükkung ausübt), oder durch die wenigstens der Widerspruch zwischen freiheitlicher Bestrebung und historischer Realität der Schwanzherrschaft gesprengt wird. Dieser *Spielraum* schließt unter Umständen in weitem Maße die persönliche Geschichte ein, wobei er sich doch nicht auf diese beschränkt. Dieser *Spielraum* wird heute in aller Demut in der persönlichen Geschichte mit Hilfe einer Methodologie gesucht, die, indem sie das falsche Bewußtsein aus den Angeln hebt, Fakten, Phantasien, Wünsche, Bedürfnisse und, anders herum,

Beurteilungen, Ideologisierungen, das heißt schließlich, das falsche Bewußtsein selbst in seinem Entstehen ans Licht zu heben weiß.

Deshalb werde ich im folgenden immer versuchen, mich zu verdoppeln: auf der einen Seite in das falsche Bewußtsein, auf der anderen Seite in den Versuch, etwas aus den Angeln zu heben. Als Basis Episodisches. Über allem die riesigen Schwierigkeiten und Ängste: *habent sua fata* . . .

Zweite methodologische Vorbemerkung

Wenn ich so lange zögere, mich dem Leben zuzuwenden (aber wer sagt, daß ich mich nicht schon mittendrin befinde?), so liegt das sicher an der Angst und an den objektiven und subjektiven Schwierigkeiten, von denen ich gesprochen habe. Aber ich muß noch eine Sache klären. Eine der Gefahren der männlichen ‹Selbstbetrachtung› liegt darin, daß man bei dieser Aufgabe den Schuldkomplex loszuwerden versucht, der sich in diesen Jahren der weiblichen Revolte aufgestaut hat. Ich möchte aber, daß dieses Bekenntnis (soweit das gerecht und billig ist) nicht in der Weise gelesen wird. Ich glaube, daß der Wert eines Bekenntnisses (dieses wie anderer) genau das Gegenteil ist: an den Fakten (und zwar an den schriftlich fixierten, sie sind gültiger) die Unmöglichkeit nachzuweisen, heute die eigene Rolle zu wechseln. Wohlverstanden, Unmöglichkeit soll gewiß nicht bedeuten, worauf mancher ironisch besteht, sich als ‹Mann bis zum letzten› zu benehmen, um die Widersprüche zuzuspitzen (eine Theorie, die grotesk nach dem ‹Je schlimmer, desto besser› verfährt), sondern sie soll bedeuten, daß zugleich die Widersprüche selbst und, was jetzt der Fall wäre, die Situation und die Rolle schmerzlich erlebt werden. Schmerzlich: was weder katholischer Imperativ noch Läuterungsversuch heißt, sondern Bewußtsein der eigenen Rolle und ihrer Verzahnungen mit der Gesellschaft, das (vergebliche Versuche, davon loszukommen) ganz aufmerksame Beobachtung und fortwährende Selbstkritik ist. Alles das ist vielleicht nicht auf diesen Seiten zu finden, denn man lebt schmerzlich, und es ist ungewöhnlich, auch schmerzlich zu schreiben: ungewöhnlich und, sagen wir es, auch ein wenig heuchlerisch.

Mach's selber

Als ich vor ein paar Tagen mit einem Freund herumalberte, waren wir auf die Formulierung dessen gekommen, was wir (immer als reinen antifeministischen Spaß) als eine Hegelsche Theorie des Orgasmus definierten: «Der Schwanz als An-sich-Sein, die Möse als ein Von-sich-verschieden-Sein (die ‹Natur› oder ‹Natürlichkeit›), das Onanieren als An-und-für-sich-Sein.» Ja, das ist wahr, für mich ist die Beziehung zu mir selbst heute wesentlich. Sie ist es, wohlgemerkt, immer gewesen. Und sie ist daher, meine ich, auch keine pure Abkapselung aus Zwang, keine Rückwendung zu sich selbst aus Furcht vor dem ‹Von-sich-verschieden-Sein›, vor der Frau im besonderen. Oder vielmehr ist sie das auch ... Ich will nicht auf die Ursachen eingehen, aber es ist zweifellos so, daß die Art, wie ich mich heute masturbiere, sich sehr von der vor einigen Jahren unterscheidet. Wie stark auf diese Veränderung die Ideologie Einfluß hat, weiß ich nicht, und alles in allem interessiert es mich im Augenblick auch nur bedingt. Diese andere Art und Weise drückt sich am deutlichsten in der veränderten Beziehung aus, die ich zur ‹Finalphase›, zum Orgasmus also, habe: in der Mehrzahl der Fälle hat die Masturbation die Ejakulation nicht zum Hauptziel (in einigen Fällen schaffe ich sie nicht einmal). Ich erlebe, könnte man sagen, mit mir die traditionelle Zweierbeziehung. Eine Art Autonomie des Körpers (nicht nur des Schwanzes). In bestimmter Hinsicht vielleicht sogar einen Antagonismus, aber nicht den einfachen Antagonismus, der den Körper in die Gegnerschaft zum Geist stellt. Ich habe auch zu unterscheiden gelernt (vielleicht sollte ich sagen, ich unterscheide künstlich) zwischen Ejakulation und Orgasmus. Eine künstliche Unterscheidung, die für mich aber vollkommen klar in den Empfindungen ist und vollkommen klar auch, würde ich sagen, im Hinblick auf einige psychische Reaktionen. Und obwohl ich seit etlichen Jahren wegen der Masturbation keine Schuldkomplexe mehr habe, so habe ich doch entdeckt, daß in den zwei Fällen (einfache Ejakulation oder Orgasmus) sich mein Verhältnis zum Sperma ändert: unangenehm und ‹naß› im ersten Fall, sehr viel ‹wärmer› im zweiten. Des weiteren liegt ein Unterschied der gegenwärtigen Masturbation zur vergangenen im Verhältnis zu den Außenreizen und zur Phantasie. Oft, nicht immer, versuche ich heute, die Beziehung zu meinem Körper total zu gestalten und keinen Spielraum, weder für irgendwelche Phantasien, noch für Erinnerungen oder Vergangenheitsträume zuzulassen. Ich versuche auch nicht, mir irgendeinen Partner vorzustellen. Die Hände sind meine Hände, wie auch der Schwanz mein Schwanz ist (im übrigen hat mich der Trick, die Hände einer imaginären Frau ‹zuzuschreiben› oder den Schwanz einem imaginären Mann, im Zusammenhang mit der Masturbation nie überzeugt. Ein weiterer Unterschied, banal und deutlich, ist durch die Zeit gegeben: banal und deutlich, denn es ist ja klar, daß, wenn man eine autoerotische Beziehung hat, die nicht *notwendigerweise* zur Ejakulation führt, sehr viel mehr Zeit vergeht, und auch, weil ich heute Zeiten und Räume zur Verfügung habe, die mir eine größere Ruhe erlauben als das Badezimmer in der elterlichen Wohnung. Kurz, ich glaube, ein gutes Verhältnis zu meinem Körper zu haben, ich glaube, einer von denen zu sein, denen das mehr zusagt. Scherz beiseite, ich weiß nicht, ob dieses ‹Lob des Wichsens› auf eine tiefgehende Unreife oder eine rapide Regression zur Kindlichkeit schließen läßt. Ich weiß nur, daß ich eine so fruchtbare Beziehung nie (und das aus gutem Grund) zu ‹Von-mir-verschieden-Seins› gehabt habe.

Das Leistungsprinzip

Aus gutem Grund: die Beziehung zum anderen ist immer, banal gesagt, eine Prüfung. Auch der Exhibitionismus, der eine alles andere als nebensächliche Komponente in mir ist, vermag nicht, mir die Furcht (und sei sie auch noch so beherrscht) vor dem Gemessenwerden auszutreiben. Einem Gemessenwerden in jeder Hinsicht: von der Länge des Schwanzes bis zur Dauer der Fickerei, von der Dicke des Bauches bis zum Furunkel auf dem Rükken. In der kurzen, aber ‹intensiven› Periode, in der er mir nicht ‹stand›, erinnere ich mich, die Frauen mehr als einmal um die Fähigkeit beneidet zu haben, sich nicht zu erregen. Ein total idiotischer Neid, wie man sieht, aber ein Ergebnis des schon zum Überdruß genannten ‹Leistungsprinzips›: das nahezu vollkommene Fehlen des Lustprinzips, wenn man miteinander schläft. Nicht aber, wohlgemerkt, bei dem, was so ganz anders als die Masturbation ist, die eben auch, wenn sie rein auf die Ejakulation und auf die Beseitigung der sexuellen

Spannung gerichtet ist, in keiner Weise vom Lustprinzip getragen wird (unabhängig von der Tatsache, daß sie schließlich mehr oder weniger Lust bewirkt), sondern im Gegenteil eher vom Entladungsprinzip, das etwa darauf hinausläuft, daß man trinkt, um pinkeln zu können. Der Druck des Leistungsprinzips ist so groß, daß ich de facto anstatt mehr zu ‹leisten› immer nur ganz wenig ‹geleistet› habe. Meine ‹Leistungen› sind eine Katastrophe gewesen, für mich wie für den Partner: wenn ich vögele, wirke ich wie ein Leichnam, dem der *rigor mortis* den Schwanz aufgerichtet hat. Und als wäre es damit noch nicht genug, fing ausgerechnet, als ich mit Mühe meine Erektionsprobleme überwunden hatte, die verfluchte Theorie des gleichzeitigen Orgasmus an, ihr Unwesen zu treiben: das war dann die wahre und eigentliche Tragödie. Zwangsläufig kam die *‹eiaculatio praecox›* dazu. Als man dann sagte, daß der gleichzeitige Orgasmus Quatsch wäre und der Sex ein Spiel, hatte ich Körper und Geist dermaßen auf lange und längste Zeiten dressiert, daß ich praktisch überhaupt keinen Orgasmus mehr hatte. Das ist, in den aufeinanderfolgenden Traumata, die Geschichte meiner drei großen Lieben zur Frau: Impotenz, eiaculatio praecox, fehlender Orgasmus. (Das Leistungsprinzip ist natürlich auch das, wonach, wie das Sprichwort sagt, «jede Auslassung ein Verlust» ist. Und es verbindet sich hierin mit dem Prinzip der ‹Fickhäufung›. Ich kann die Male nicht mehr zählen, wo ich gevögelt habe, ohne Lust dazu zu haben, und die Male, an denen ich, weil ich keine Lust hatte, die merkwürdigsten Entschuldigungen vorbrachte, um darum herumzukommen.) Ein Einwand, den man mir an dieser Stelle machen könnte, ist der, daß ich versuchte, als Opfer durchzugehen, die Macht in Unterdrückung zu verkehren und zu behaupten, daß die Männer selber die Opfer einer allzu starren Rolle seien (und wenn es auch so wäre – und teilweise ist es auch so –, dann wäre es doch nicht korrekt, die ganze Schuld auf eine abstrakte ‹Rolle› zu schieben und nicht zu sehen, wieviel jeder von uns dazu beigetragen hat, sie aufzubauen und zu stärken).

In Wirklichkeit aber behaupte ich (und überprüfe ich an Hand meiner Erfahrung) nur die Brutalität der Rollen als solcher und den totalen Mangel eines Sinnes für Lust in mir (und ich glaube, in vielen, sehr vielen ‹Männchen›): ein Mangel, ich möchte sagen, eine Verstümmelung, die sicher historisch ist (das Lustprinzip stimmt nicht mit der produktivistischen ‹Moral› des westlichen Christentums überein), aber auch der Tribut, den man einer Macht zahlt, die man verbal ablehnt, in praxi aber nicht abzuschaffen imstande ist (und es wäre auch merkwürdig, wenn alle Männer sich in dem Schrei: «Nieder mit uns!» zusammenfänden). Wenn der Schwanz die Macht hat, dann hat der Schwanz zu funktionieren.

Aber, um von Begriffsvertauschungen und Mißverständnissen wegzukommen, im Krieg zwischen den Geschlechtern (der sich um die Prinzipien der bürgerlichen Demokratie nicht schert) übt man entweder ständig die Befehlsgewalt aus, oder man verliert. Aber es geht noch weiter. Das Leistungsprinzip ist auch das Ergebnis einer Konzeption der Existenz als etwas völlig ‹Öffentlichen›: dem Mann wird weder Privates noch Privatismus zugestanden, wenn er fickt, fickt er öffentlich. Nicht, das ist klar, im Sinne des Klatsches oder des Gockelgehabes, sondern in dem Sinne, daß da im Bett er ‹bekräftigt›, nicht ‹begehrt›, ‹befriedigt›, ‹spendet›; es ist so, als halte er eine Versammlung ab oder schreibe einen Artikel: es liegt ihm nicht daran zu überzeugen, ihn interessiert der Erfolg, den er zu erringen vermag. Und es ist auch nicht so richtig wahr, jedenfalls nicht mehr, daß der Mann im Bett egoistisch ist. Sein Egoismus ist, wenn überhaupt, aus dritter Hand: er liegt im Vergnügen, befriedigt zu haben, ohne daß ihn im übrigen die Befriedigung besonders interessierte, es sei denn, sie wird ihm geschuldet.

Jener Leichnam mit dem rigor mortis, der ich bin, vögelt also folgendermaßen: enorm angespannt und äußerst bedacht darauf, daß mir nichts entgeht; in der Erwartung des Orgasmus des anderen versuche ich, ihn mit allen Mitteln herbeizuführen: wenn der Orgasmus eintritt, ist die Aufgabe gelöst, das Leistungsprinzip befriedigt, mein sexuelles Vergnügen tritt gänzlich hinter dem zurück, gesiegt zu haben.

Der Vorhangkomplex

Sicher, darin, daß man mit den Frauen nicht so richtig zu Rande kommt, wirkt sich nicht nur die Erwiderung auf das Leistungsprinzip aus. Es wirken außerdem und in bemerkenswertem Maße verschiedene Elemente darauf ein, unter denen, was mich betrifft, das relevanteste die Unkenntnis des weiblichen Körpers ist. Ich spreche nicht, das ist ja klar, von der einfachen Unkenntnis. Vielmehr von der Unkenntnis des Körpers nicht allein in seiner Struktur, sondern in seinen Verhaltensweisen. Es ist bekannt (das ist ein typischer Männchen-Gag), daß die Frauen, wie man sagt, nicht wüßten, wie man die Männer richtig masturbiert. Und das nicht so sehr, weil sie die Bewegungen nicht kennten, sondern weil die Masturbation Zeitverläufe, Methoden und Begleitumstände hat, die sich vom einfachen Auf und Ab mit der Hand unterscheiden. Das ist für mich aber genau dieselbe Schwierigkeit. Ich habe nie kapiert, wie man sich richtig bewegen muß. Und dieser Satz beweist, wenn das überhaupt noch nötig ist, das totale Fehlen des Prinzips der Lust. Denn in dieser Lähmung oder Tolpatschigkeit (die mich ängstigt, weil sie dem Leistungsprinzip zuwiderläuft) lähme ich dann auch meine Gefühle und vermag nicht mehr auf die Reize zu reagieren, es sei denn, indem ich mich schuldig fühle («Wie? Ich genieße, und sie?»), und schließlich lähmt die Angst vor der Lächerlichkeit (immer öffentlich vögele ich, immer öffentlich) mich völlig. Ich glaube, das Gefühl der Lächerlichkeit (eben durch dieses Problem des Öffentlichen, von dem ich sprach) ist in vielen Männern vorhanden. Dem ‹Gefühl der Lächerlichkeit› habe ich immer die Versuchung zugeschrieben, sich nach dem Koitus auf die andere Seite zu drehen und einzuschlafen. Dann hat man mir beigebracht, daß sich das nicht gehört, und so plaudere ich jetzt also liebenswürdig über dieses und jenes (von der Regierung Andreotti bis zum klitoralen Orgasmus). In der öffentlichen Zurschaustellung, die das Vögeln darstellt, erfüllt das Sich-zur-Seite-Drehen die Funktion des Vorhangs. Man kann nicht nach dem Ausspruch, der den dritten und letzten Akt beschließt, auf der Bühne bleiben. (Im übrigen hat die unvermeidliche Zigarette dieselbe Funktion.)

Es ist wahrscheinlich, jedoch nicht vollkommen sicher, daß mit der Zeit und der wachsenden Erfahrung zu zweit Frau und Mann lernen, sich richtiger zu bewegen und in bestimmtem Umfang das Leistungsprinzip und das Gefühl der Lächerlichkeit zu überwinden. In bestimmtem Umfang, das ist klar, weil diese Verhaltensmuster im großen und ganzen doch stets als Unterbau erhalten bleiben, so stark ist ihre Schichtung und Erstarrung. Persönlich hatte ich nie Gelegenheit, eine ‹Zweierbeziehung› so lange durchzuhalten, bis es regelrecht zur Trennung kam. Ich habe immer, ich ganz persönlich, größere ‹Erfolge› bei Gelegenheitsbeziehungen gehabt, bei denen eher die Leidenschaft stark war, die Liebe aber nicht groß geschrieben wurde. So erinnere ich mich, daß es mit einer wahren und wirklichen ‹Geliebten im Kleiderschrank› (das bedeutet, daß sie auch dann mit mir zusammenblieb, als sie ‹verlobt› war und kurz vor der Heirat stand) weit besser funktionierte, und mit einer Genossin, mit der ich einige Zeit zusammen gewesen war, lief es erst besser, als wir uns getrennt hatten und nur hin und wieder sahen. Und auch bei der ‹Geliebten im Kleiderschrank› war es in Wirklichkeit nicht einmal so notwendig, daß alles dermaßen heimlich geschah, sofern nur, meine ich, dieses ‹Spiel› (das so ungebräuchlich geworden ist) einerseits mehr Schwung in die Sache bringt (ich weiß nicht, ich erinnere mich an einen Fick auf dem Fußboden in einem leeren Büro am Sonntag), andererseits die typischen Komplikationen der Zweierbeziehung verhindert. Wohlverstanden: nicht daß es rein erotische Beziehungen gewesen wären, sondern sie waren die natürliche Art und Weise, einen Abend mit witzigen Plaudereien zu beenden und eine starke Freundschaft und eine große Zuneigung zu komplettieren. Nur eben, daß im einen Fall wie im anderen das Nicht-Aufeinanderkleben, der Umstand, daß der eine Dinge erlebte, die sich von denen des anderen unterschieden, für uns eine Garantie gegen das betonierte Zweierverhältnis war. Ich will damit (gottbewahre!) die Zweierbeziehung nicht sang- und klanglos beerdigen . . . schon weil es ohne sie keine ‹Geliebten im Kleiderschrank› gäbe.

Die besondere Freundschaft

Geliebte (Frauen) im Kleiderschrank und Geliebte (Männer) ebenfalls. Diesmal nicht, um sie vor dem Blick mehr oder weniger eifersüchtiger Ehepartner zu verstecken, sondern vor der ganzen Welt. Ja, die Homosexualität. Das ist einer der weniger leichten Abschnitte dieses ‹Bekenntnisses›. Nicht aber so sehr, weil die Homosexualität ein ‹schändliches Laster› wäre, sondern weil es gut möglich ist, daß hier die Zensur einsetzt (die Selbstzensur, wohlgemerkt). Was das ‹schändliche Laster› betrifft, so habe ich seit einiger Zeit aufgehört, diesen Aspekt meines Sexuallebens zu verbergen, wobei ich es mir sicherlich erlauben kann, während die allgemeine Lage der Homosexuellen (im ganzen oder zum Teil) nicht ebenso zwanglos ist. Ich kann mich nicht entsinnen, die Entdeckung, daß ich mich zum Mann hingezogen fühle, als großen Schock erlebt zu haben. Und ich erinnere mich auch nicht (Verdrängung?), ob die Phantasievorstellungen bei den allerersten Wichsereien homosexuell gewesen sind. Ich erinnere mich eines Schulausflugs, bei dem irgendwas passierte, nicht viel übrigens, ein paar Spielereien, an denen ich mich – ich war ein schüchternes Knäblein – nicht beteiligte. Ich erinnere mich, daß ein Junge, der älter war als wir (er wird zwölf gewesen sein), einen Satz sagte, der ungefähr lautete: «Früher oder später gibt es, wenn man jung ist, immer einen Moment, wo man schwul ist.» Dieser Satz kam mir in jenen Jahren immer wieder in den Sinn, und er diente mir im allgemeinen als ‹wissenschaftliches› Alibi gegenüber dem, von dem ich sicher war, daß es ein schändliches Laster ist. Aber ich machte, wie man sagt, aus der Not eine Tugend ... ich bin sicher, daß zu diesem Zeitpunkt in meine Phantasien auch homosexuelle Motive eindrangen, und so mit dreizehn, vierzehn hatte ich mein richtiges kleines homosexuelles Verhältnis mit meinem ‹liebsten Freund›. Das war natürlich, und da ich ja noch nichts begriff (es war nicht die Zeit, in der man schon von der Sexualisierung der Freundschaft sprach, 1962/63), erinnere ich mich auch nicht, viele Probleme gehabt zu haben. Es ging auch nicht allzu züchtig zu, vielmehr war es eine entschieden schweinische Angelegenheit und dazu noch eine lange Geschichte (jetzt entsinne ich mich nicht, aber mehrere Monate). Und ich würde sagen, alles in allem eine glückliche Geschichte. Ich habe sehr schöne und keine einzige unangenehme Erinnerung daran. Nur eine Begebenheit und auch eine bestimmte Einstellung, die ich an meinem Freund zu bemerken meinte, beunruhigten mich. Die Begebenheit war die, daß ich an einem bestimmten Punkt der Angelegenheit, als wir auf sexuellem Gebiet schon ganz schön vorangekommen waren, entdeckte, daß wir uns, obwohl wir doch wirklich alles machten, noch nicht geküßt hatten, und das sagte ich ihm. Er erwiderte etwas wie: «Ja, bist du denn schwul?», was mich einigermaßen in die Scheiße brachte. Ja, mir scheint, diese Bezichtigung (schwul) tauchte dann und wann auf und wurde auch von mir ausgesprochen, wenn wir Vergleiche anstellten. Wahrscheinlich, als wir, wenn auch nur unklar, bemerkten, daß die Sache drauf und dran war, die Spielgewohnheiten hinter sich zu lassen und ein ernsthaftes Verhältnis zu werden. Im übrigen sah es eher so aus, als spielten wir Pingpong, als daß wir miteinander schliefen. Die Einstellung meines Freundes äußerte sich darin, daß er eine seltsame Art hatte, mit meinem Schwanz umzugehen, also fast so (doch ohne sich dessen je zu entziehen), als erweise er mir eine Gefälligkeit. Die Sache hörte so natürlich auf, wie sie begonnen hatte, ich denke, wegen der natürlichen Erschöpfung aller Positionen des Kamasutra. Er hatte in dieser Zeit, in der er mit mir zusammen war, ein Mädchen, mit dem er, glaube ich, vögelte. Ich hatte mein erstes Mädchen (nach zahllosen Schwärmereien und Enttäuschungen) ein paar Jahre später. Und mehr oder minder bei diesem Intermezzo begannen für mich die Schwierigkeiten mit der Homosexualität: die ‹notwendige› Periode war vorbei, warum also hatte ich immer noch homosexuelle Phantasien und Wünsche?

Sollen und nicht können

Meine heterosexuellen Weihen erhielt ich sehr viel später. Schuld daran waren die Unterdrückung in den Jahren vor 68 und die fortschrittliche Erziehung, die mich daran hinderte, zu den Nutten zu gehen (allein der Gedanke daran war für mich moralisch abstoßend). Und es begann mit einer Katastrophe. Es war eine Liebe, die auf den Barrikaden geboren wurde und im Bett starb. Wir waren bei der achtundsechziger Miliz zusammengetroffen, schlossen das, was man eine innige Freundschaft nennt, und taten uns dann zusammen. Den Sommer hatten wir mit Knutschen zugebracht, am Tage meines Geburtstages schlossen wir uns zusammen, und am Abend desselben Tages ging ich (gar nicht mal so besoffen) mit Freunden zu den Nutten. Ich habe den Sinn dieser Tat nie so richtig verstanden: ich möchte annehmen, es war bloß so ein Zufall. Jedenfalls schaffte ich es nicht, mit der Nutte, meine ich. Ein vergeblicher Kraftakt. Das Mädchen war sehr lieb, mit meinem armen Dingsbums in der Hand setzte sie mir ein bißchen zu, dann guckte sie mich verständnisvoll an und sagte (ein Satz, der mir deutlich in Erinnerung geblieben ist): «Besser, wir bestehen nicht darauf, was ein rechtes Häkchen werden will, das krümmt sich beizeiten!» Dieser Satz war quasi eine Prophezeiung meiner künftigen sexuellen Pleiten. Ich glaube nicht, daß dieses Ereignis auf die Entwicklung Einfluß gehabt hat: es ist vollkommen natürlich (sagte ich mir und ließ ich mir sagen), daß man es das erste Mal nicht schafft, obendrein mit einer Nutte. Mit der achtundsechziger Genossin dagegen ließ sich alles aufs beste an. Es war eine große Liebe, die lediglich das gegenseitige Opfer der Jungfräulichkeit erwartete. Beide quälte uns ein doppeltes Gefühl: Angst auf der einen Seite, Zwang auf der anderen. Ja, denn 68 war Vögeln obligatorisch: die Moral von 68 war de facto genauso voller Zwänge wie die, die man 68 glaubte zerschlagen zu haben. Es ist wahr, man verbot nicht mehr zu vögeln, dafür verpflichtete man dazu. Jetzt hätte ich jede Menge bumsen können, aber ich machte mir ein paar gute Grundsätze zu eigen, die mich zur Gelassenheit anhielten. Ich war kein kleiner Junge mehr, ich hatte so lange gewartet, da konnte ich gut noch länger warten. Tatsächlich verging auch langsam die Angst: beim Petting hatte ich ganz normale Erektionen, und alles schien perfekt in Ordnung. So kam es denn dazu, daß wir den großen Entschluß faßten und in ihre Wohnung am Meer fuhren. Beim Vorspiel alles in Ordnung, aber dann, vor dem großen Moment, in dem Augenblick, als ich den ersten Fick meines Lebens machen sollte, zog sich mein Schwanz klein und häßlich zurück und es war (offensichtlich) nichts zu machen. Fehler gab es viele und sie zogen auch noch weitere und schwerere nach sich. Es war klar, daß man sich nicht so offiziell aufmachen durfte, wir durften uns nicht mit dem Vorsatz zu ficken auf den Weg machen: das sind Dinge, die sich ergeben müssen. Aber das schlimmste war, daß wir nach diesem Trauerspiel nicht darüber sprachen, wir versuchten es eine ganze Zeit nicht mehr und trugen beide (so glaube ich wenigstens) traurige Gedanken mit uns spazieren. Es war das erste Mal, meine ich, daß mir der Begriff des Leistungsprinzips klarwurde. Sie kam sich möglicherweise verschmäht vor, ich mir verlassen in meiner Unfähigkeit, ohne daß sie was getan oder gesagt hätte. Einige Monate kam nichts weiter zustande und die Geschichte flaute nach und nach ab: von schmerzlich über traurig zu grotesk bis trübsinnig.

Und hier bin ich gezwungen, einen Vorfall zu beichten, der mir unangenehm und dessen Erinnerung schmerzlich und demütigend ist. Aber hier geht es nun einmal um mich. Ich sagte ihr mit einer Bosheit, die zu einem berechtigteren Grund gepaßt hätte, daß, wenn es mit mir nicht geklappt hätte, ihre Jungfräulichkeit schuld daran gewesen sei, die hätte mich blockiert. Das schlimmste war aber, daß sie nach einiger Zeit keine Jungfrau mehr war: trotzdem änderte sich nichts. Ich glaube, ich bin der einzige Mann, der als Liebesbeweis von seiner Frau verlangt hat, daß sie mit einem anderen Mann bumst. Einzige Rechtfertigung ist die Gereiztheit einer gewiß nicht leichten Situation.

Aus dem Erlebnis dieser Katastrophe ist mir noch etwas geblieben, was von da an fester Bestandteil meines Gefühlslebens ist und meine zwiespältige Haltung der Zweierbindung gegenüber charakterisiert. Während der langen Monate der Agonie unserer Beziehung erlebte meine achtundsechziger Genossin andere Geschichten, und jedesmal, wenn diese Geschichten Gefahr liefen, ernsthaft zu werden, versuchte ich stets, sie auf die eine oder andere Weise kaputtzumachen: Eifersucht verspürte ich (und verspüre ich teilweise noch immer), wenn mir wirklich Gefühl entzogen wurde, wenn ich in der Rangordnung vom ersten auf den zweiten Platz rutschte. Was mir als ‹schlechte Angewohnheit› geblieben ist, wurde damals durch die Gefahr verstärkt, sich von der Niederlage nicht mehr ‹erholen› zu können: einmal mehr war die Frau die Öffentlichkeit, die mich betraf, war die Prüfung, die ich eines Tages doch bestehen mußte. Die Ironie wollte es, daß wir, als ich mich ein paar Jahre später mit dem Zartgefühl eines Jagdbombers auf sie stürzte und alle Sicherheitsvorkehrungen, die sie um sich herum aufgebaut hatte, über den Haufen warf, daß wir es auch diesmal nicht schafften, miteinander zu schlafen, weil sie eine Scheidenentzündung hatte, die eindeutig psychisch war. Und nun sind wir gute Freunde, aber daran, miteinander zu schlafen, denken wir nicht mehr.

Wenn das ein Mann ist

Krise der Rolle, Männlichkeit in der Krise. In Wirklichkeit werde ich mir beim Schreiben und Wiederlesen bewußt, daß, wenn die Krise objektiv auch existiert, subjektiv gerade das Gegenteil der Fall ist. Wenn nämlich die männliche eine lästige Rolle ist, deren Widersprüche ziemlich oft mehr oder minder geräuschvoll aufplatzen, dann habe ich mich von der Sicherheit und ‹Gewalttätigkeit› der Beschreibungen meiner Erfahrungen als Mann blenden lassen. Im Verlauf des Schreibens wurde ich mir indes laufend meiner mißlichen Erfahrungen bewußt, ich rief sie mir ins Gedächtnis zurück und erlebte sie wieder mit dem Behagen dessen, der ‹besitzt› und siegt. Und je mehr ich mich schlechtzumachen versuchte, desto deutlicher bemerkte ich (und bemerke ich), daß ich Punkte sammle und bis zum letzten Hauptperson bin. Das ist etwas, worüber man sorgfältig nachdenken muß. Das ist der nachträgliche Beweis dafür, daß die in der Krise steckende Männlichkeit vielmehr die letzte Sammlung der aggressiven Männlichkeit ist: während ich mich beklage, behaupte ich in Wirklichkeit unerschütterlich den Besitz von Dingen und Personen, behaupte ich die Unverschämtheit desjenigen, der verliert und es sich erlauben kann, behaupte ich die Arroganz des Schwanzes. Ich bin an meine Rolle gekettet; um es mit Baudelaire zu sagen: «comme au jeu le jouer têtu / comme à la bouteille l'ivrogne /

comme aux vermines la charogne». Kurz, auch das Verhältnis zu meiner persönlichen Geschichte ist ein Verhältnis öffentlicher, allgemeiner Art, eine historisierte, systematisierte Beziehung, die zu abstrakten Überlegungen, zu philosophischen Spekulationen gut ist, nie aber in irgendeiner Weise verbindlich (außer im Sinne der Verbindlichkeit, die aus Besitz entsteht), nie wirklich selbstkritisch, nie schmerzlich. Dennoch, gleichsam paradoxerweise, nie falsch. Ich lese es noch einmal durch und sage mir: «Ja, ja . . . die Dinge haben sich genau so entwickelt.» Was habe ich daraus gelernt? Nichts, und zwar absolut nichts: weil ich weiß, daß die Dinge, daß die Tatsachen von heute, ob ich das will oder nicht, immer eine Rechtfertigung finden werden, immer männliche Tatsachen sind, erlaubte Tatsachen auch in ihrer Unerlaubtheit. So liegt auch in der Homosexualität, so wie ich sie bis heute erlebt habe (aber überhaupt in der männlichen Homosexualität, glaube ich, zumindest in ihren ‹doppeldeutigen› Formen), immer diese unterschiedliche Bedeutung, zwar von Sünde, aber nicht von Anomalität: es drängt sich, mit wenigen Worten gesagt, das Gefühl auf, daß zwischen Männern, auch im Bett, der Bestand an öffentlicher Solidarität nie geringer wird. Ich glaube, daß man in diesem Sinn meine erste Erfahrung lesen sollte und dies ‹Machen, aber nicht darüber reden›, das ihr zugrunde lag. Schwul sein ja, aber sich nicht als das bezeichnen. Ich glaube allerdings, daß es heute für einen Mann sehr viel ‹leichter› ist, homosexuell zu sein, daß das ein Grund für die wachsende Bereitschaft ist, die Homosexualität zu praktizieren, und daß das schließlich ein Grund für den weniger ‹progressiven› Rang ist, den die männliche Homosexualität im Vergleich zur weiblichen einnimmt. Auf jeden Fall ist in meiner (auf psychologischer, nicht physischer Ebene typisch männlichen) Art und Weise, die Homosexualität zu erleben, in nuce der ganze Mangel und Vorzug dieses Bekenntnisses enthalten: der Vorzug, heute durch objektive Umstände und subjektive Reifeprozesse möglich geworden zu sein, und der Mangel, objektiv unaufrichtig zu sein, das heißt, unfähig dazu, sich wirklich in Frage zu stellen, eine echte Frage an sich selbst zu sein, auf die man konkrete Antworten zu geben hat, und unfähig zu versuchen, mit Hilfe einer rücksichtslosen Gegenüberstellung aus der Rolle herauszufinden.

Wenn alles das heute wahr ist, so war es in der Vergangenheit noch wahrer. In jener Vergangenheit, in der ich meine Sexualität der Welt gegenüberstellend auch die Bitternisse dieser Gegenüberstellung gekostet habe, die Ungelegenheit und Unnatürlichkeit des Geschlechtsakts (in dieser Gesellschaft). Diese Unnatürlichkeit hatte sich in Impotenz und Neurosen niedergeschlagen, vor allem aber hatte sie auf verhängnisvolle Weise mein ‹öffentliches› Ausbrechen und das meiner Generation nachdrücklich hervorgehoben. In Wirklichkeit hatte ich in der Beziehung zu der achtundsechziger Genossin zwei Dinge festgestellt (ohne mir ihrer auch bewußt zu sein): daß das Jahr 68 durchaus kein Kämpfen um Glück, sondern bloß ein Feldzug für die Freiheit war (die Resultate mögen gewesen sein, wie sie wollen); ferner daß die Öffentlichkeit mir weit mehr als das Private zusagte, jedenfalls der Ort meiner Bestätigung, mein bevorzugtes Aktionsfeld war. Gerade 68 war mir diese Feststellung deutlicher denn je, vor allem, weil ich 68 aus der Schule kam, das heißt also aus der überwachten Freiheit, um mir eben meinen öffentlichen Spielraum, den Erfolg, die Männlichkeit zu erobern. Möglicherweise (wenn man auch Geschichte nicht mit Wenns und Abers macht . . .) hätte ich ohne das Jahr 68 geheiratet, hätte Probleme und Traumata oberflächlich überwunden und wäre ein verdrängter Homosexueller und guter Familienvater, intellektuell und links, geworden. Ich glaube aber, es verhält sich tatsächlich so, daß, wenn auch der Kampf ums Glück absolut nicht auf der Tagesordnung stand (er wäre sicherlich als ‹kleinbürgerliche Raserei› bezeichnet worden), dennoch diese Probleme, aus denen man heute nicht herauskommt, reif geworden und im Begriff waren, vom Baume zu fallen. Ich glaube auch, daß, jedenfalls im großen und ganzen, sich alle vage ein wenig darüber klar waren, daß dieser Reifeprozeß auch durch die Lust beschleunigt würde, die jeder hatte, den ganzen verdammten Kram hochgehen zu lassen. Ich glaube schließlich, daß es damals schon sinnvoll war, von einer Männlichkeit in der Krise zu sprechen, und zwar paradoxerweise gerade weil alle (die Genossen, wohlgemerkt) dabei waren, öffentliche Mittel und Wege auszuprobieren, ihr Leben als erwachsene Männer zu testen, als politische Wesen, als Leute ‹mit ihren Eiern am rechten Fleck›. Dieser frühzeitige Besitz dieser ‹Eier› als Zeichen der Herrschaft über das Öffentliche, begann, da er gewissermaßen als Droge wirkte, das Problem der Neuordnung des Privaten aufzuwerfen, und er warf es ‹schmerzlicherweise› gerade in dem Augenblick auf, da das Private nicht mehr so privat, nicht mehr so intim war, sondern in der ‹erneuerten Moral› jener Jahre eine zentrale Stellung im Leben eines Mannes einnahm. Kurz, durch diese übermäßige und zu rasch betriebene Aufwertung des Öffentlichen (und eines ‹strahlenden› Öffentlichen dazu) begann die Kurve des Mannseins sich nach unten zu neigen, begann die Furcht davor, aufgeben zu müssen, begann die Notwendigkeit, sich vorzusehen, die Furcht vor der Frau, die ihrerseits anfing, in gewisser Hinsicht Subjekt zu sein (auch im Bett), somit die Furcht auch vor dem Gemessenwerden, vor der Eifersucht, vor Neurosen, vor der Unzulänglichkeit. Das, was ich als die Zwangsformel von 68 definiert habe (Ficken ist obligatorisch, war das oberste Gesetz), traf somit gerade den Mann am tiefsten, ihn, der in allen öffentlichen Konflikten zu siegen gewohnt, nicht in der Lage war, den privaten die Stirn zu bieten, und vor allem nicht, heiter und ironisch sich selber entgegenzutreten. Die Arroganz des Schwanzes (wie in meinem Fall, einem Grenzfall, wohlgemerkt) geriet in Gefahr, durch einen nicht funktionierenden Schwanz lächerlich zu werden. Es geschah auf Grund dieser Betrachtungen, die damals verworrener als heute waren, daß ich mich entschloß (und ein wenig entschieden die Dinge auch statt meiner), die Keuschheitsperiode zu beginnen, eine lange Periode, jedoch voller nützlicher innerer Erfahrungen. Eine Periode auch ungehemmter Homosexualität (zumindest auf der Ebene der Phantasie) und eines großen Liebes- und Bekanntschaftsverhältnisses zu mir selbst.

Keuschheitsgelübde

Nach und nach, so wie der Bericht fortschreitet, werde ich mir der Schwierigkeiten bewußt, nicht abzuschweifen, nicht zu lügen, mich nicht zu zensieren. Aber ich werde mir auch bewußt, daß es nicht das gleiche ist, die weit zurückliegende Vergangenheit wieder aufzuwärmen, wie die, die gerade vorbei ist: vor allem für den, der in seiner Eigenschaft als Mann erst in dem Moment zu leben beginnt, wie ich sagte, da er in der Öffentlichkeit zu leben beginnt. Aber auch die Periode meiner ‹Keuschheit› ist eine schwer verständliche Zeitphase: wenige Fakten, viel zu viele Reflexionen. Die Enthaltsamkeit war offensichtlich auch eine Antwort als Strafe (und Selbstbestrafung) auf ein Unvermögen, von dem ich annahm, daß es überwiegend auf einer tückischen Entwicklung der Objektivität beruhte. Aber sie enthielt andererseits auch zwei grundsätzliche Elemente: auf der einen Seite (und ich habe schon davon gesprochen) das Bedürfnis, sich in der Öffentlichkeit zu strukturieren, auf der anderen das Bedürfnis herauszufinden, welchen Einfluß die Homosexualität auf dieses heterosexuelle Unvermögen hätte. In Wirklichkeit forderte ich von mir, negativ auf diese Frage zu antworten, das heißt, die Bedeutungslosigkeit der Homosexualität im Hinblick auf die Schwierigkeiten mit der achtundsechziger Genossin klarzulegen. Es ist nicht so gewesen, aber heute glaube ich behaupten zu können, daß es dank einer Reihe von Zufälligkeiten nicht so gewesen ist, mehr noch dank einer Wirklichkeit, die ich viel später verstanden, analysiert und akzeptiert habe. Diese Betrachtung, die ich schon über die Verschiedenheit der Homosexualität zwischen Männern angestellt habe, hätte mich im Laufe der Zeit zu dem Schluß kommen lassen, daß sich die Homosexualität unter Männern von der unter Frauen unterscheide (und zwar zutiefst), außerdem aber anders und, wenn es auch seltsam scheint, leichter sei als die Heterosexualität. Aber gehen wir der Reihe nach vor. In Wirklichkeit traf ich, als ich die Enthaltsamkeit ins Auge faßte, einige Entscheidungen: einerseits die Männlichkeit mit Hilfe öffentlicher Mittel und Wege zu erforschen und zu bestärken, andererseits im Verhältnis zu mir nach den Gründen für die Schwierigkeiten und Neurosen zu suchen (eine ganz kurze psychotherapeutische Periode hatte mich nicht besonders überzeugt), des weiteren die Haltbarkeit jener Homosexualität zu prüfen, die ich vor sechs oder sieben Jahren aufgegeben hatte. Ich lasse den ersten Punkt aus, weil er hier nicht wichtig ist (über die Art und Weise, ‹öffentliche Macht› zu verspielen, wäre wahrscheinlich ein weiteres Buch vonnöten). Der zweite Punkt dagegen ist bezeichnend für die ständige Ausübung der Masturbation, die, nachdem sie sich mit der Zeit entwickelt hatte, mir zu dem gegenwärtigen ‹guten Verhältnis› zu meinem Körper verholfen hat. Eine ständige Ausübung und Erforschung, das aufmerksamste Studium des Körpers und seiner Reaktionen, eine Neigung, ohne Phantasien auszukommen oder ihnen lediglich die Aufgabe zuzuweisen, zu einer nur erst allgemeinen Erregung hinzuführen. (Was die Phantasien betrifft, so lag in einer Periode der Enthaltsamkeit, die sie ja war, ein nicht unerheblicher Unterschied darin, daß die heterosexuellen Phantasien Ereignisse enthielten, die homosexuellen dagegen Zustände: das bedeutet, die ersteren schilderten ganz bestimmte Sexualakte, sobald die Person fest umrissen war, die letzteren erkundeten mehr die Person – nie mich zusammen mit einem anderen, immer völlig erfundene Gestalten, auch wenn eine offensichtlich mir ähnlich war –, mehr die Weisen ihres Zusammentreffens und Aufeinander-Zugehens als die Definition der manuellen Momente ihrer Beziehungen: will sagen, daß ich die Homosexualität noch als eine vor allen Dingen schwierige Angelegenheit im Hinblick auf das Gesagte betrachtete.) Vor allem aber bekam ich in dieser Phase eine eigensinnige Lust, die nach und nach herangereift war, mich als ausweglos homosexuell zu begreifen.

Eine eigensinnige Lust und eine sicherlich auch kulturelle Laune, das Bedürfnis, anders zu sein und gleichzeitig dieses Anderssein durch Skandal zu unterstreichen. Kulturell auch, weil literarische Vorbilder diesem Verlangen zugrunde lagen (das allerdings ziemlich verdrängt war), auch allgemeine ‹kulturelle› Modelle. Ein wenig glaubte ich, da ich homosexuell sei, komme es mir zu, geistreicher zu sein, ein wenig hoffte ich, desto geistreicher zu sein, je homosexueller ich wäre. Einmal ging ich sogar zum Männerstrich am Colosseum. Ich nahm mir einen Jungen, aber es wurde nichts daraus: ich brachte ihn zu seinem Arbeitsplatz zurück (er war auch ganz entschieden nicht sehr doll) und fuhr dann wieder nach Hause, um mich über diesen erklärtermaßen sündigen Einfall zu masturbieren. Ein anderes Mal nahm ich einen Jungen mit, der Autostop machte: aber Gegend und Anschein verschafften mir nicht viele Ausreden, daß das zufällig geschehen sei. Es ging auch besser: ich fuhr mehrere Male nach dem Abend der ‹ersten Begegnung› zu ihm, wir wurden gute Freunde, manchmal ging ich zu unmöglichen Zeiten (vielleicht um halb acht morgens) zu ihm und weckte ihn, manchmal gingen wir zum Essen aus: aber ein richtiges Verhältnis war es nicht. Und zwar, weil er nicht wirklich aufrichtig war, und auch, weil wir uns dermaßen selten sahen, daß die Beziehung sich auf ein paar Fragen und Antworten beschränkte. Sie dauerte nicht lange. Aber für eine ganz kurze Zeit, für ein paar Tage glaubte ich, mich verliebt zu haben. Aus der Distanz wird mir klar, daß das völlig falsch war. Aber es war die erste ein bißchen intime Angelegenheit, und ich erzählte meinen engsten Freunden davon. Das war ein bemerkenswerter Sprung, ich trat für einen Moment aus dem Ghetto des Privatismus heraus und gestand etwas ein, was man eigentlich besser noch nicht von sich bekannte, ich bejahte in gewisser Weise dieses Bedürfnis nach dem Anderssein, das mich in die Keuschheitsphase gedrängt hatte. Und die Phase der Keuschheit endete mit der berühmten ‹Geliebten im Kleiderschrank›. Ich stellte in kurzer Zeit fest, daß auch meine ganze Homosexualität eine künstliche Konstruktion war; daß man sich in diesen Widersprüchen zum Mannsein niemals präzise definiert hatte; daß, wenn man eine wie auch immer geartete Identität sucht, sie sich einem sogleich in Frage stellt. Und das um so mehr, als die ‹Geliebte im Schrank› die Entdeckung eines Abends mit alkoholischen Extratouren war, es also in einem Augenblick geschah, als das Über-Ich äußerst angeschlagen war, in einem Augenblick, da meine Heterosexualität als das wieder zum Vorschein kam, was sie war: als nichts mehr und nichts weniger. (An dieser Stelle wäre eigentlich nötig, eine – natürlich zu lange – Bemerkung über Sex und Alkohol einzuschieben.) Die Geliebte im Schrank, die Masturbation als ‹Beziehung zu sich selbst›, die Homosexualität als wenn auch begrenzte Erfahrung gaben mir am Ende der Periode der ‹Keuschheit› das Vollgefühl meines Schwanzes zurück. Wie einer meiner besten Freunde sagte: «Nun hast du deinen Sex, eine Arbeit, die dich befriedigt, du bist arrogant und unsympathisch.» Es war tatsächlich so: aber nach Jahren voller Probleme lebte ich nun gerade deswegen die Arroganz des Schwanzes wahrlich bis zum Grund aus. Jener Freund berücksichtigte dabei weder, daß ich dabei war, einige historische Revanchen zu nehmen, noch, obwohl er ein scharfsinniger Psychologe war, daß binnen kurzem alles wieder zusammenbrechen würde . . . aber man weiß ja, er war verheiratet, hatte ein gepflegtes und etwas kleinbürgerliches Haus, eine hervorragende berufliche Karriere: heute ist auch er nicht mehr so zufrieden.

Das entzweite Zweierverhältnis

Ich war 23, als ich mein erstes traditionelles heterosexuelles Zweierverhältnis auf die Beine stellte. Bestehend aus Zusammenleben, Fickereien, Verlassen und Rückkehr, aus Reisen, aus kultureller und häuslicher Übereinstimmung. Es gab zwei Phasen: alles in allem dauerten sie weniger als ein Jahr. Die erste Phase war durch die abgrundtiefe Arroganz und den unerträglichen Chauvinismus meines Benehmens charakterisiert. Im übrigen ging es gut, das soll heißen, die Übereinstimmung trat deutlich zu Tage. Aber ich konnte die Angst vor der Zweierbindung nicht abstreifen, die Angst vor Erstarrung, die Angst davor, daß die Spielräume sich immer mehr einengen würden. Von da an, aber nicht nur von da an, Streitigkeiten und Beleidigungen, schlimme Erinnerungen neben schönen. Aber als an die Stelle von meinem Hin und Her ihre Unentschlossenheit trat, als sie aus den Ferien mit einem anderen Mann zurückkam, da tat ich zuerst so, als wäre nichts, dann trieben mich meine Eifersucht, von der ich schon gesprochen habe (fast eine Gier), und das Gefühl für sie, das mir geblieben und nicht gering war, zur Rückeroberung. Wenn ich es richtig überlege, dann war sie es, die die Rückeroberung betrieb, indem sie mir einen Brief mit Beleidigungen schrieb. Wie die Dinge auch immer verliefen, Tatsache bleibt, daß wir uns wieder zusammentaten und alles gut ging, sehr gut, möchte ich sagen, bis von neuem mit der Entschuldigung, Angst vor der Zweierbindung zu haben, nun alles endgültig kaputt war. Der *casus belli* war ein anderer: aber von ihm werde ich noch sprechen. Interessanter scheint mir, einen Augenblick diese Beziehung, die einzige in meinem Leben, die die dezidierten Charaktermerkmale der traditionellen Zweierbeziehung in sich trug, noch einmal zu betrachten. Und eben weil diese Charaktermerkmale in dieser Beziehung in gewisser Weise institutionalisiert waren, erscheint mir das Experiment (es wurde nicht als solches erlebt, aber für die Nachgeborenen kann man es als solches analysieren) einerseits als paradigmatisch, auf der anderen Seite stellen auch die Irrtümer und Fehler (nicht die objektiven der Zweierbindung, sondern die subjektiven meines Verhältnisses zu Sexualität und Gefühl) sich versinnbildlicht als in einer Art chemischem Niederschlag dar. Ich werde sie Punkt für Punkt aufzählen. Die Fehler der (traditionellen, wenngleich ‹kommunistischen›) Zweierbindung:

a) *die Solidarität*: diese besondere Übereinstimmung, die sicher das Fundament der Zweierbeziehung ist, sich aber noch deutlicher im Gelebten einer solchen Beziehung erhärtet und strukturiert: in der Praxis als der Einklang in der Öffentlichkeit, in dem der eine mit den Irrtümern und Triumphen des anderen steht. Jene Übereinstimmung, die oft zu mangelndem kritischem Sinn führt, indem sie die Kritik auf ihr Inneres beschränkt (auf das Innere der Zweierbeziehung) und die Selbstkritik dadurch mystifiziert, daß sie ihr die ‹Form› (aber nicht den Gehalt) äußerer Kritik gibt.

b) *Die sexuelle Zwei-Einstimmigkeit*: so offen und freisinnig die Zweierbindung auch sein kann, es bleibt doch immer als Tatsache der absolute sexuelle Vorrang (zumindest im Rahmen der Befriedigung) der Beziehung zwischen den beiden Komponenten der Zweierbindung bestehen. Daraus resultiert das so deutlich zur Schau getragene sexuelle Einvernehmen zwischen den ‹Gatten› als positive Größe. In Wirklichkeit kapselt die ‹Zwei-Einstimmigkeit›, auch wenn sie diese perfekte und klangreine Übereinstimmung der beiden Geschlechter wäre (von der genauen Kenntnis des anderen Körpers bis eben hin zum gleichzeitigen Orgasmus), die Sexualität in ein Detail ein, sie hält sie als ein geschlossenes System in einem empfindlichen Gleichgewicht und, wie man deutlich sieht, verfügbaren Gleichgewicht, gerade durch ihre ‹Unwiederholbarkeit›, durch die Fülle gemeinsamer Erfahrungen, die sie voraussetzt, um bei der kleinsten Modifizierung irreparabel in Scherben zu gehen. Das heißt, Krönung und Basis der Zweierbindung (das sexuelle Einvernehmen) enthalten in sich schon das potentielle Scheitern der Zweierbeziehung selbst, und zwar in dem Sinne, daß bei diesem so alchimistischen Aufbau eine kleine Modifikation genügt (andere sexuelle Erfahrungen zum Beispiel), um alles in die Luft gehen zu lassen. Wenn das nicht immer geschieht, so allein deshalb, weil ökonomisch-psychologische Faktoren nahelegen, so zu tun, als sei das Gleichgewicht nicht gestört, und weil letzten Endes sexuelles Einvernehmen nicht so häufig vorkommt. (Die liberale Zweierbeziehung hat diese Dynamik entdeckt und Polygamie und Vielmännerei zu ihrem Plan erhoben, während sie der normalen Zweierbeziehung die pure und einfache Funktion der Solidarität (a) und Gewißheit (c) überließ.)

c) *Die Gewißheit*: sie ist das Charakteristikum, durch das die Welt in zweifachem Sinn zur Hierarchie wird: die Gewißheit, daß man der ‹erste› für den anderen und daß der andere für einen selbst der ‹erste› ist. Auch die Gewißheit ist ein Fundament der Zweierbeziehung, aber die Gewißheit ist auch eine Frage ständiger Kontrolle und somit gleichzeitig Ungewißheit der Gewißheit, schließlich aber wandelt sie sich zur Gewißheit der Ungewißheit. Das sind, wie mir scheint und soweit ich das feststellen konnte, die drei Paradoxa der Zweierbeziehung. Drei Paradoxa, als deren Auswirkungen in mir anzusehen sind:

1) *das öffentliche Zur-Sache-Stehen* als Auswirkung der Solidarität: tatsächlich erlaubt mir die Solidarität (und hat mir erlaubt) in allen Bereichen eine größere Bereitschaft, der Öffentlichkeit die Stirn zu bieten, und sie hat darüber hinaus in meiner persönlichen Geschichte auch bewirkt, daß ich auf die Kreativität gestoßen bin, was die Kontrolle

meiner Fähigkeiten bedeutet, wobei gerade die Kontrolle die ‹Formen› objektiver Kritik annimmt. In diesem Sinn ist die Zweierbeziehung eine typisch männliche Institution, weil sie sich als Sprungbrett zur Öffentlichkeit versteht.

2) *Die Nicht-Natürlichkeit der Sexualität* als Auswirkung der sexuellen Zwei-Einstimmigkeit: hier berufe ich mich auf das, was ich oben über den rigor mortis gesagt habe; zu diesem ach so fabelhaften Einvernehmen zu kommen, bedeutet, in seinem Namen und in dieser Gesellschaft darauf zu verzichten, sich nach Belieben zu bewegen, und bedeutet (und hat für mich bedeutet), ausschließlich in der Funktion des anderen zu vögeln. Aber darüber habe ich bereits gesprochen.

3) *Die Eifersucht* als Auswirkung der Gewißheit: über diesen Punkt gibt es nicht viel zu sagen, außer daß natürlich die Eifersucht nicht schon von vornherein (und infolge der achtundsechziger Moral) moralisch verwerflich ist, sondern es erst wird, wenn sie eine Reaktion des Mächtigen darauf ist, daß er keine Kontrolle mehr hat: wenn sie zum Endpunkt dieser Hierarchie (oder Monarchie) der Gefühle wird, in der die Gewißheit kein zweckgerichteter, sondern abstrakter Wert ist, Pflicht an Stelle von Freiwilligkeit zu gegenseitiger Hilfe.

Das sind zusammengefaßt und banal meine Erfahrungen, die ich aus meinem einzigen traditionellen Zweierverhältnis gezogen habe und die in unterschiedlichem Maße nahezu vollständig natürlich auch auf jede beliebige, auch nur minimal ausgeprägte Beziehung angewandt werden können, die ich gehabt habe.

Kommunikationen für den Schwanz

Aber diese verwickelten Überlegungen waren der reale und tiefere Grund für jene Trennung. Der casus belli war, daß ich mich verliebte. Wohlgemerkt, bei meiner Genossin wandte ich damals eine extrem geschmeidige Taktik an: ich leugnete es ein bißchen (es sah nicht gut aus, wenn man eine Frau einem Manne zuliebe verließ), ein bißchen gestand ich es zwischen den Zeilen auch ein (ich bereitete das Terrain für die Flucht vor). Ich hatte mich auf eine völlig platonische Weise verliebt, platonisch im wahrsten Sinne des Wortes. Sicher, wir zogen zusammen, aber mehr, um die Ausgaben zu teilen, als wirklich wie ein Paar zusammenzuleben. Sicher, nicht daß meine Verliebtheit unwiderruflich platonisch gewesen wäre, aber das Platonische daran störte mich nie, bis nach und nach auch die Verliebtheit verging und alles sich auf ein Zusammenleben Typ ‹Sozialistische Heimat› reduzierte, was nicht sehr unterhaltsam war, wenn man an unsere guten Vorsätze denkt.

Wenn ich mich hier daran erinnere, so nicht nur, weil das der casus belli für die Trennung von der Genossin war, sondern auch, weil es mich auf eine allgemeinere Erörterung von Sexualität/Liebe bringt, die ich gern unternehmen würde. Heute ist das Thema ‹Sexualisierung der Freundschaft› bei den Genossen einigermaßen gegenwärtig. Aber es kommt mir so vor, als würde es in letzter Zeit zum moralischen Imperativ (wie bei der berühmten Zwangsmoral von 68), daß, wenn zwei Genossen sich treffen, sie unabhängig von ihrer Geschlechtszugehörigkeit wissen, daß früher oder später das leidige Thema der Sexualisierung aufs Tapet kommt. Persönlich wundere und ärgere ich mich beim Schreiben, noch immer so schrecklich überholte Einstellungen (jedenfalls verbal) zu haben. Aber ich habe schon gewarnt, daß es nur ein Trick ist . . . also fahre ich fort: aber ich bitte euch um eines: lest diese ganze lange Beichte so, als wäret ihr bei einer Beichte dabei, und nicht anders.

Diese kurze Zwischenbemerkung sollte nur besagen, daß ich mich erinnere, wie in unserer Gruppe schon in den Jahren um 66 die Frage der Sexualisierung aufkam. Wir waren eine zusammengewürfelte, aber in ihrer Gemischtheit paradoxerweise homogene Gruppe. Vielmehr einte uns ein tiefer Moralismus, ein ‹Katholizismus›, der unsere einzige Bindung war. In diesem Katholizismus, in diesem rigorosen und moralistischen Geist der Menschenfreundlichkeit wurde das Problem der Trennung von Sexualität und Gefühl angeschnitten, theoretisch und recht milde. Ich erinnere mich, einem Mädchen (Genossin? vielleicht liberale Sozialistin), das so ein bißchen der Schwarm der ganzen Gruppe war, einen langen Vortrag darüber gehalten zu haben, daß sie nicht getrennt seien. Einen Vortrag, der damals nicht gut ankam, im Spezifischen wenigstens. Der mir aber danach als Orientierungshilfe bei einer Reihe sich anschließender Beziehungen nützlich war. Ich sage «mir nützlich war» nicht im opportunistischen Sinn, ich gebrauche diesen Ausdruck, um die Einstellung zu verdeutlichen, die ich den Genossen, die ich liebte, und den Genossen ‹Freunden› gegenüber stets gehabt habe (ohne daß je das Geschlecht die entscheidende Variable gewesen wäre). Heute ist die ‹Sexualisierung der Freundschaft› mittlerweile zur leeren Parole und zum Alibi verkommen, hinter dem sich alle Gelüste unterdrückter Kleinbürger verstecken. Es findet ja tatsächlich eine nicht unbedeutende Auseinandersetzung über die ‹Kommunikationssysteme› statt; man sagt: die verbale Kommunikation sei nur eine von soundso vielen möglichen, es existierten Kommunikationen anderer Art, darunter die sexuelle, die durchprobiert wird. Persönlich finde ich an dieser These, die im übrigen eindrucksvoll ist, einen idealistischen Fehler. Nämlich das Betrachten der Kommunikationsmittel und -systeme als von den Botschaften unabhängig, die sie übermitteln wollen. Ich will damit nicht ein Prinzip abstrakt in Frage stellen, ich glaube nur, daß man nicht unter dem Vorwand, die Sexualität in die Kommunikationssysteme einzuführen, alles sexualisieren kann (und persönlich habe ich es nie gewollt): das ist eine der Schwierigkeiten der jüngsten Generationen, die alles in Axiome fassen und sich und die Welt daran hindern, in ihren Widersprüchen selbst die Vernunftgründe für ihre Fortentwicklung, für die Suche danach zu sehen. Das ist auch selbstkritisch gemeint: zumindest soweit es die alles andere als unwichtige Periode betrifft, in der ich glaubte, der Syllogismus: «Wir haben uns gern; wer sich gern hat, vögelt miteinander; also vögeln wir!» sei zutreffend. Aber die Erfahrung hat mich gelehrt, daß in diesem Syllogismus ein Fehler liegt (ein praktischer eher noch als ein theoretischer). Der Platonismus einiger Beziehungen, in denen lediglich das allgemeine Gefühlsvermögen wichtig war, hat, als er über seine eigenen Grenzen hinauszugehen versuchte und es auch tat, damit nur ein bißchen heilsame ‹Immoralität› bewirkt, aber diesen Beziehungen fraglos nichts Neues hinzugefügt und auch ihre Tendenz zum Gefühlsverfall nicht aufgefangen hat. So ist es mit dem casus belli indessen nicht gegangen: die Entscheidung wurde durch Sexualisierungsversuche weder gebremst noch beschleunigt. Diese Versuche gab es überhaupt nicht, Sexualität blieb etwas Unausgesprochenes und auch, alles in allem, Ungewolltes.

Une saison en enfer – Eine Zeit in der Hölle

Und so kommen wir, wobei wir wenige wichtige Episoden oder solche, von denen wir schon gesprochen haben, überspringen, zu unserer Gegenwart. Zu den letzten Jahren, die von großen Umwälzungen bestimmt waren, von einer allgemeinen Krise der Zweierbeziehung wie der Männlichkeit, der Politik wie der Öffentlichkeit, der ‹Krise des Schwanzes›. Zu der politischen, aber auch ‹moralischen und ideellen› Krise von 68, von der wir, müde Überlebende, weiter stets und ständig nur unter uns reden (oder höchstens zu Leuten wie Giorgio Bocca). Krise also der globalen Neubesinnung für uns an der Schwelle der Dreißig. Jener Dreißig, da wir uns, wie die ewig Unbelehrbaren 68 zu uns sagten, mit Weib und Kind als Bankangestellte sehen würden. So sind die Dinge nun aber wirklich nicht gelaufen: ich würde vielmehr sagen, daß die Neubesinnung, wenigstens über Verhaltensprobleme und ‹private› Anliegen, weit davon entfernt ist, beendet zu sein, und möglicherweise ist sie auch überhaupt nicht zu beenden. Es hat den Kampf der Frauen gegeben (und gibt ihn noch), es hat als Folge davon die Krise der Rolle und der Militanz gegeben. Ich glaube immerhin, daß gerade diese letzten Jahre vielen die Möglichkeit gegeben haben, bei der Rückschau auf ihre eigenen Erfahrungen weiter in die Tiefe zu gehen und mit größerer Klarheit (im Hinblick auf die Zukunft) mit einer Vergangenheit abzurechnen, die in vieler Hinsicht damals schwer zu verstehen war.

Persönlich bin ich davon überzeugt, daß es die Kämpfe und Debatten (und die Krise und manchmal die Verzweiflung) dieser Jahre gewesen sind, die mich dazu aufgerufen und mir die Freiheit gegeben haben, mein sexuelles Leben wieder in die Hand zu nehmen und reinen Tisch zu machen: gewiß, wie ich zu Beginn sagte, keine Selbstbetrachtung, kein Abschied von sich und der eigenen Lage, aber sicherlich größere Klarheit, ein stärkerer selbstkritischer Impuls und eine größere Hoffnung auf die künftige Überwindung der allgemeinen Krise, die uns umgibt: der Krise der Rolle des Mannes, des militanten revolutionären Mannes, des intellektuellen Mannes, des Mann-Mannes.

Alle diese Rollen, die heute heftig und ‹blutig› ernst diskutiert werden, sind bezeichnend für eine Tendenz zur totalen Neugestaltung des Individuums, ohne das wir allzu viele Jahre (in den ‹Ebbe›-Jahren) auszukommen versuchten. Ich erinnere mich, daß ich zur Zeit der Geschichte meiner Zweierbeziehung mich für ziemlich lange von der politischen Aktivität zurückgezogen hatte. Nach dem Abbruch dieser Beziehung kam ich wieder darauf zurück und war längere Zeit sehr militant, im engeren Sinne des Wortes. Damals hatte ich etwas in mir, aber nicht nur ich, was mich fortwährend dazu trieb, mich loszulösen und Stück für Stück voranzukommen, um die Lücken meiner Existenz auszufüllen. Heute absorbieren im Gegenteil die Probleme, mit denen jeder zu schaffen hat, die Totalität der Existenz oder zielen zumindest darauf. Die (große) Verwirrung, die in allerletzter Zeit aus dem Slogan «Das Persönliche ist politisch» entstanden ist, aber von der widerrechtlichen Annexion einer feministischen ‹Praxis› herrührt, ist ein Indiz für das gespannte Interesse, sich ein eigenes Leben in seiner Unversehrtheit und ein eigenes Leben als Kommunist aufzubauen, in dem Bedürfnisse, die nicht immer unmittelbar ökonomisch sind, zu anderen Bedürfnissen kommen und der Kommunismus in Theorie und Praxis der Genossen zum Ort der Befriedigung dieser Bedürfnisse wird, eine Gesellschaft von Menschen, die von der Sklaverei der Bedürfnisse erlöst sind.

Dieses Interesse an einer Neugestaltung ist eine nicht unbedeutende Triebfeder der Krise der männlichen Rolle heute. Einer Krise, die also nicht nur aus dem Verhalten und der Praxis der Frauen sich herleitet, sondern auch aus dem Inneren der einzelnen Männer als Neigung zur Neugestaltung zwischen Öffentlichem und Privatem hervorkommt.

Es ist aber ohne weiteres klar, daß die entgegengesetzte Tendenz, die zur Aufsplitterung, wirklich nur dann Zustimmung findet, wenn die Männlichkeit, das heißt die entsprechende Rolle als eines historischen und öffentlichen Protagonisten an Stärke gewinnt. Nur bei dieser wiederentdeckten

Männlichkeit (als Sieg und Bestätigung nach außen) weisen die privaten Konflikte und die Befriedigung der Bedürfnisse in eine einzige Richtung: die der Herrschaft über die Dinge und die Frauen, über das Geld und die Kinder, über die Geschichte und die Politik.

Daß aber diese Tendenz zur Neugestaltung heute eben nur eine Tendenz ist, deren Ergebnisse noch weit davon entfernt sind, in Erscheinung zu treten, spricht der Wirklichkeit dieser neuen Lage und der Schwierigkeit, heute wie gestern die Rolle des Mannes in vollkommenem Einklang mit den Erfordernissen zu leben, nichts ab: die Männlichkeit befindet sich in der Krise, auch weil sie nicht mehr lohnt, weder auf kurze, noch (viel weniger) auf lange Sicht. Vielleicht spät, aber sogar ich kam dahinter. Und die Betrachtung dessen und meine miserablen Erfolge als ‹Mann-Mann› bis dahin kamen zusammen, und so versuchte ich, auf das, was sich da neu für mich ergab, eine angemessene Antwort zu finden. Es begann eine Periode, die ich als Suche bezeichnen würde, oder, als was sie auch definiert worden ist, als ‹den langen Winter der Paranoia›. Eine Frau geht durch diese ganze Phase hindurch, sie kontrapunktiert sie, sie ist von Fall zu Fall ihr kritisches oder ihr falsches Bewußtsein, der casus belli und die Steigerung der Einsicht insgesamt, die theoretische Suche und die praktische Niederlage gewesen: also viel. Bei dieser Reise zur Hölle (ohne Wiederkehr einstweilen) ist sie mein

Vergil gewesen. Das Verhältnis zu meiner Vergil-Frau begann traditionell, vielleicht zu traditionell. Wir waren aus Gründen der Arbeit (und Politik) zusammen und lernten uns zunächst in der Intelligenz des jeweils anderen kennen und schätzen, dann begannen wir aus Liebe zu dem Bilde, das im Spiegel zu sehen war, auch den Spiegel zu lieben. Aber von seltenen und nicht sehr erfolgreichen sexuellen Beziehungen abgesehen, war der Beginn dieses Verhältnisses zu offen, zu groß die Ironie, die es enthielt (und bisweilen auch umschloß), zu stark die ‹Ideologie der Krise der Zweierbeziehung›, als daß es sich in die traditionelle Zweisamkeit hätte verwandeln können. Natürlich war es eine Zweierbeziehung und sogar eine Liebesbeziehung, wenigstens soweit wir das feststellen konnten. In der Öffentlichkeit war es das, auch wenn es nie zu einem Zusammenleben führte. Es verlief in drei Phasen. Die erste war der Versuch einer wirklichen Paarbeziehung: aber unser Vertrauen ineinander war so groß, daß ich entschied (wir entschieden, auch ohne es uns anfangs einzugestehen), daß es nicht der Mühe wert sei, sich die übliche Paarbeziehung ‹mit Zuschauern› vorzuspielen: in Ermangelung von Zuschauern war es nie eine ernste Angelegenheit im Bett (es war die Periode des nicht vorhandenen Orgasmus bei mir). Aber diese erste Phase war die einzige auf der höchsten Stufe der Widersprüche, und sie ist es gewesen, die wirklich mit ‹Paranoia› gekennzeichnet werden kann: der

Widerspruch, der sich wesentlich aus der Dynamik von Zustimmung und Ablehnung ergibt, die sich offensichtlich immer zum mißglückten Geschlechtsakt gesellt. Und darüber hinaus erleichterte die rein ‹ideologische› Basis, auf die wir die Auslegung der gegenseitigen Gefühle und wechselseitigen Verhaltensweisen stellten, sicher nicht das Verständnis. In Wirklichkeit war es bei mir Flucht und Nachgeben zugleich: Verhaltensweisen, die zum Teil typisch männlich sind und zum Teil aber aus der wirklichen Angst vor der Zweierbindung und ihren Erscheinungsformen kamen. Daß ferner die Flucht sich unter dem ideologischen Begriff der ‹theoretischen Nichtduldung› der Zweierbindung versteckte, hilft nicht viel und ist auch verständlich. Ich glaube vielmehr, daß diese erste Periode des Widerspruchs im Hinblick auf das, was später kam, aber ihre Wirkung hatte: zum erstenmal mußte ich meine Angst verleugnen, um sie darauf dramatisch und unter viel größeren und weniger ergiebigen Qualen wieder zu Tage zu fördern. Und die Phase des Widerspruchs diente darüber hinaus dazu, uns kennenzulernen, uns viel höher zu achten und eben gemeinsam den Weg der Suche einzuschlagen. Die Suche war die zweite Phase: sie war nicht wirklich eine Suche. Sie nahm die viel weniger edle Gestalt der Unmoral an. Die unmoralische Phase, jedenfalls vom heutigen Standpunkt aus, manifestierte sich in einer Reihe von Beziehungen (von mir hauptsächlich), die völlig ‹nuttig› waren. Es trat praktisch eine Beschleunigung ein: ausgehend von der Ideologie der Krise der Zweierbeziehung wurde diese zur (täglichen) Praxis dieser Krise und löste damit einen sich immer schneller entwickelnden Prozeß aus. Einen Prozeß, der die nervöse Suche nach Beweisen zur Bestätigung der Krise (die Zweierbeziehung existierte de facto) an der äußeren Erscheinung der Zweierbeziehung selbst unterstrich: das war eine Art, diese Krise zu durchleben und nicht nur ‹im Munde› zu führen. Unabhängig von den Beziehungen, die ich in der ‹unmoralischen› Periode anknüpfte, war es in der Tat die Periode der Suche, der Suche nach objektiven Anhaltspunkten für eine Krise (meine Krise in meiner Eigenschaft als Mann und auch als Partner) der Zweierbeziehung als asoziale (und also unpolitische) Monade, der Zweierbeziehung als Mikrokosmos des Mann-Frau-Widerspruchs (und somit eines politischen Widerspruchs). Dieses programmatische Unpolitisch-Sein der Zweierbeziehung und das Politisch-Sein ihrer Widersprüche, die sich in ihrem Innern entwickeln, ist, glaube ich, einer der besser erkennbaren Faktoren ihrer Zersetzung. Unsere Zweierbeziehung, die diesen Widerspruch erlebt hatte, vermied ihn sorgfältig, indem sie sich in ihrer unmoralischen Phase nach außen projizierte und damit die Widersprüche milderte: sei es den des Politisch- oder Unpolitisch-Seins, sei es den Mann-Frau-Widerspruch. Wir definierten das als Kunst-Beziehung: höchstmögliche idealistische Irreführung, durch die wir, da wir im ‹Materiellen› alle Fehler zu sehen meinten, im ‹Spirituellen› eine traditionelle Zweierbeziehung lebten (oder zu leben versuchten). Und die ‹Kunst-Beziehung› ist in ihren notwendigerweise degenerierten Erscheinungsformen eine öffentliche Beziehung (insofern sie abstrakt und allgemein ist), und damit eine männliche Beziehung, insofern sie das Konkrete und Besondere nicht als dialektischen Gegenpol voraussetzt, sondern von vornherein aufhebt. Das ist nur andeutungsweise ein Indiz für die Unmöglichkeit, hier und heute eine Suche zu beenden (in unserer Eigenschaft als Männer), die eine wirkliche Überwindung für die Zukunft und nicht ein Sich-Nachlaufen in einer Spirale ohne Ende bedeutet. Aus der ‹unmoralischen› Periode erwähne ich nur eine Episode, weil sie bedeutsam ist. Ein homosexuelles Verhältnis ohne Verstellung, rein oder nahezu rein aus Sexualität bestehend, aus der Sprache der Körper (wenn mir der banale romantisch-alternierende Ausdruck erlaubt ist). Ein Verhältnis, das noch immer andauert, jedoch ganz formlos, alles in allem mehr als gemeinsames Onanieren denn als ein wahres und wirkliches Verhältnis. Sicher, als gemeinsames Onanieren ist es gewissermaßen paritätisch: und vielleicht ist die einzige Möglichkeit, ein paritätisches Verhältnis zu haben, eben diese.

Aber ich will nicht zu Schlüssen kommen, das ist nicht der Zweck dieser Zeilen.

Als die Phase der Paar-Monade und die der

Kunst-Beziehung beendet war, begann die dritte, die noch immer andauert. Sie ist eine merkwürdige Phase, die ich mit Einsicht bezeichnen möchte: eine Phase, in der wenigstens ich sie sorgfältig beobachte, wobei ich den Schwung von früher und danach, die Vertrauensbrüche, Fehler, Veränderungen und Erfolge dieser zwei Jahre der ‹Therapie der Zweierbeziehung› zu rekonstruieren versuche. Sie ist eine Phase auch der Eifersucht, aber einer Eifersucht, die, würde ich sagen, aus dem Gefühl erwächst, ein paar Züge verpaßt zu haben, die Neuheit der Situation nicht bis zur Neige ausgeschöpft zu haben; ein Gefühl, das du nur von den ergiebigen, wenngleich katastrophalen Erfahrungen bekommst, die ausschließlich auf der Ebene der ‹zählbaren› Resultate liegen. Die Bilanz ist in den roten Zahlen, aber wenigstens fange ich an zu wissen, warum.

Die einzige Sicherheit ist die Unsicherheit

So bin ich jetzt: merkwürdig unentschieden, meiner Sexualität und meiner Wünsche nicht sicher, erbittert darauf aus, meinen Körper kennenzulernen. Die Masturbation neuer Art verschafft mir keine Ruhepause. Ich bin das, was man verachtungsvoll als ‹Wichser› bezeichnet. Vielleicht habe ich mich in einen Gleichaltrigen verliebt, mit dem mich Arbeit und Poesie verbinden. Einmal haben wir diese schwierige Freundschaft auch ‹sexualisiert›. Ich meine, sie macht Rückschritte. Ich lebe noch mit meiner Vergil-Frau in der dritten Phase meiner letzten heterosexuellen Beziehung. Vor ein paar Tagen haben wir nebeneinander auf dem Bett liegend uns jeder für sich masturbiert. Ich will nicht verallgemeinern: aber mir scheint, ich bin auf dem richtigen Weg. Ich habe entdeckt, daß Sexualität für mich eine Angelegenheit induktiver Erkenntnis ist: man muß erst sich für sich allein, dann den anderen für sich allein kennenlernen, wobei man vom Einfacheren zum weniger Einfachen, zum Antagonistischen fortschreitet. Wenn Sexualität Suche und nicht Bestätigung ist, dann darf sie zwangsläufig nichts als voraussehbar betrachten. Heute könnte ich eine Frau darum bitten, mit mir zu schlafen, ohne daß ich so tun müßte, als ergäbe ich mich, noch als besitze ich sie. Aber natürlich habe ich nicht den Mut dazu. Auch meine homosexuellen Beziehungen sind übrigens noch nicht so einfach. Manchmal komme ich mir benutzt vor, und zwar als der Erfahrenere, als der diskrete Mensch, bei dem man die erste und einzige Erfahrung machen kann.

Es gibt Leute, die die Homosexualität wie eine Droge ausprobieren. Allerdings ist eine Droge sehr viel weniger unbequem. Unbequem, was die Verhaltensweisen, die Entdeckungen, die Notwendigkeit betrifft, sich in einer Weise zu bewegen, die man nicht gewohnt ist. Ich bin wirklich davon überzeugt, daß die Homosexualität notwendig ist, allerdings nicht als Experiment, sondern als Verunsicherung für die Arroganz des Schwanzes. Zerstreut einen Mann zu masturbieren, der dich masturbiert, heißt nicht, eine homosexuelle Beziehung haben, sondern sich einen runterholen lassen: dann ist es genau dasselbe, wenn man in ein Vorstadtkino geht, da verdient man sogar noch ein paar Piepen damit. Die Homosexualität ist also nicht an sich progressiv, wie auch die Masturbation nicht progressiv ist. Aber sie sind beide progressiv insofern, als es in beiden Fällen leichter ist, die Zeitverläufe und die Methoden und die Stellen der Lust zu erkennen und somit zu befriedigen: es nicht zu machen, es nicht fertigzukriegen, ist kriminell und ein Standpunkt, den man später – das ist meine persönliche Erfahrung – ganz allmählich auch den Frauen gegenüber anwendet.

Ich singe nicht etwa das Lob der Homosexualität. Ich weiß nicht einmal, ob ich homosexuell, heterosexuell oder bisexuell bin (noch ob es diese dritte Gattung tatsächlich in dieser Gesellschaft gibt: ich spreche von wirklicher Bisexualität und nicht von dem Kitzel von jemandem, der alles Fickbare durchprobieren will). Und letzten Endes interessiert mich das auch nicht. Das hier ist keine Analyse, sondern ein Bekenntnis, auch wenn ich nicht genau weiß, wem oder wozu es nutzt. Vielleicht zeigt es einen winzigen Ausschnitt aus der Erfahrung der Rollenkrise. Und vielleicht beweist es, daß die Krise des Mannes nicht immer nur dieser Slogan ist, der das neue Sonderrecht des Mannes unterstreicht, außer siegreich auch noch in der Krise und schwach und zerbrechlich zu sein. Sondern zeigt die Krise des Mannes als, wie ich zu Beginn sagte, schmerzlichen Widerspruch. Als dauernde Suche, die sich nicht darauf beschränkt, Erfolge zusammenzuzählen und Niederlagen zu unterschlagen, sondern aus den vielen (manchmal zu vielen) Niederlagen ohne Masochismus oder Opferwillen wirkliche und konkrete Lehren zu ziehen weiß und eine neue Lust, demütig, aber einsichtig zu kämpfen. Für das, was es wert ist: das ist nicht wenig.

Marcello

Der Basisgenosse

«In den letzten Jahren hat die Entdeckung einer weiblichen Sexualität . . .» Toller Satz. Als ich sie entdeckte, ist das nicht so toll gewesen . . .

Ich hatte gerade eine lange Beziehung mit Maria hinter mir. Zweierbeziehung (fast zwei Jahre) und Zusammenleben (ein paar Monate in ‹unserer› Wohnung). Wenn ich heute daran zurückdenke, kann ich mir nur mit Mühe vorstellen, daß Maria wirklich nur Objekt gewesen ist. Es gab überhaupt keine Gleichberechtigung (nicht einmal eine formale) zwischen uns beiden; jede ‹Arbeitsteilung› – ob es um bezahlte Arbeit oder um politische ging – war zu meinem Vorteil; in der Liebe hieß meine Devise: «Die Lust ist nur für mich da.»

Genauso war es.

Ich vögle mit Alessandra und wir fangen eine ‹Beziehung› an. Es sollte eigentlich gar keine werden, wurde es aber trotzdem: Zweierbeziehung mit Zusammenleben.

Und schon fängt mein Ärger mit der weiblichen Sexualität an. Weil Alessandra ‹ihrer› Kitzler (im Wörterbuch steht ‹der› Kitzler, männliches Substantiv; aber sie und die Genossinnen sagen ‹die› Kitzler) Genugtuung verschaffen will, wenn wir miteinander schlafen.

Auch deshalb . . . kommt es das erste Mal dazu, daß wir zwei Ichs sind beim Vögeln. Es ist, als ob ich vorher schon immer allein gewesen wäre, auch wenn ich mit einer Frau zusammen war. Ich brauche einige Zeit, bis ich das kapiere und akzeptiere. Ich habe gehört, daß in vielen Gegenden Arabiens der Frau die Klitoris weggeschnitten wird. Im Abendland ist das nicht so: da ist die Amputation vielmehr ideologisch und kulturell. In dem Moment, als Alessandra in der Liebe ihre Klitoris mit meinem Schwanz auf eine Stufe stellt, setzt eine Kettenreaktion ein. Bis dahin war für mich das Problem des Feminismus (der gerade aufs Tapet kam, wir hatten 73), das Problem der ‹Rollenverteilung› nichts als ein Thema für interessante Diskussionen. Nun aber bedeutete die Geltung der Klitoris, zu einer Rolle der Frau, zu einer Frauenkultur, zur Macht der Frau zurückzufinden.

Wenn Alessandra eine eigene Sexualität besitzt, eine eigene Kultur usw., die von mir unabhängig sind, ‹kracht› auf der Stelle meine Art, Liebe zu machen, meine geistige Vormachtstellung usw. zusammen. Und auch die Rolle der Frau als ‹Trösterin›: wenn Alessandra von ihrem ‹Unwohlsein› spricht, von ihrer Einsamkeit, davon, daß sie sich «nicht sicher, nicht glücklich» fühlt, kümmert sie sich nicht mehr darum, mich zu ‹trösten›. Wie es doch immer gewesen war.

An die Frau als Instrument meiner Lust gewöhnt, habe ich mich nie um ihren Körper gekümmert. Auch nicht um ihre Gefühle, um ihr Hirn. Alessandra schleudert mir das jetzt alles ins Gesicht. Mit der Wucht einer Kriegserklärung.

Sie war sehr schonungslos (wer weiß, wie sie jetzt wohl ist?). Ich habe oft gedacht: «Warum bloß muß ich mit so einer Schwanz- und Nervensäge zusammen sein?» Ein Jahr und drei Monate sind wir zusammen und im Krieg miteinander gewesen: eine unheimlich lange Zeit für mich. Ich blieb mit ihr zusammen, weil sie, außer mir körperlich zu gefallen, ‹in Ordnung› war. Ich entdeckte, daß es Frauen gibt, mit denen man über ernste Dinge reden kann. Wie ein Missionar ‹entdeckte›, daß Neger eine Seele haben: ich – ein Mensch dieses Jahrhunderts, seit vielen Jahren ‹ein ernsthafter Genosse› – entdeckte, daß die Frau einen eigenen Körper hat und ein Gehirn, das nicht nach meinem Gusto knetbar ist.

Wenn ich das jetzt so erzähle, könnte ich mich doch wenigstens als progressiven Missionar hinstellen, der gern dazu bereit gewesen ist, die Emanzipation der ‹kolonisierten Frau› zu fördern. So war es aber nicht. Daher der Krieg.

Alessandra hatte eine unheimlich dicke ‹Schutzmaske›; eine Art «Ich kanns mit der Welt absolut alleine aufnehmen; und ihr Männer seid sowieso Arschlöcher», was allen großen Eindruck machte. Ich habe zunächst lange Zeit ehrlich geglaubt, daß

Alessandra nur so wäre. Daher verstand ich auch ihre ‹Krisen› nicht. So ist sie die erste Frau gewesen, die ernsthaft mit mir über eine ‹offene Zweierbeziehung› gesprochen hat, aber auch die erste, die mich fast täglich mit der allerheftigsten Eifersucht bombardierte.

Auch ich hatte – und habe – meine ‹Masken›. Alessandra gegenüber begannen sie nachzugeben, geradezu auf meinem Gesicht zu schmelzen. Ich hatte nie begriffen, daß abstrakte Floskeln wie ‹Suche nach Anerkennung› oder ‹seine Unsicherheit verbergen› existieren und so eine Menge merkwürdiger Reaktionen hervorrufen.

Warum denn will jeder die Geschichte, die Probleme, die Wehwehchen des anderen (oder der anderen) kennenlernen? Die Antwort scheint leicht zu sein: die Zweierbeziehung oder Nicht-Zweierbeziehung ist dazu da, daß man sich hilft, die unausgesetzte Kontroverse (die darauf beruht, den anderen (die andere) anzugreifen, um sich selbst in Sicherheit zu bringen) im täglichen Leben einzudämmen.

Einmal habe ich – im Scherz – zu Alessandra gesagt: «Verlange von mir keine Logik.» Ich konnte ja auch von ihr keine Logik erwarten. Weil Alessandra mir (oft und ehrlich!) dabei half, in meiner Geschichte und in meinem Leben zu ‹buddeln›, mir aber beim ersten Streit «meinen ganzen Jammer» wieder zum Vorwurf machte, den ich zusammen mit ihr zutage gefördert hatte. Das machte es mir schwer, meine eigene Geschichte aufzuarbeiten; und machte es mir leicht, sie zu hassen, wenn sie sowas tat. Diese Darstellung rückt mich in ein günstiges Licht. Alessandra hat hier keinen ‹Anwalt›.

Es gab viel Gewalt zwischen uns, körperliche wie geistige. Aber die vielleicht traditionelle Regel, wonach es der Mann ist, der die Frau schlägt, wurde auf den Kopf gestellt; das heißt, Alessandra war sehr gewalttätig. Mir gelang es zwar, mich zu verteidigen, sie festzuhalten (was sie ein paarmal nicht daran gehindert hat, mir etwas im Ohr oder am Rücken kaputtzuschlagen), aber ich wollte die Wut, die schon oft mit mir ‹durchgegangen› war, nicht körperlich an ihr auslassen. Meine Gewalt gegen Alessandra war anderer Art: vor allem war sie geistig, gefühlsmäßig. (Aber ich brauchte eine ganze Zeit, um dahinterzukommen . . .) Beim ersten Krach zwischen uns ging ich weg, um woanders zu vögeln; ich wußte, daß mir das ein Gefühl ‹unwahrscheinlicher Stärke›, des Wohlbefindens geben und die Probleme wegwischen würde. Ich weiß nicht, wie sehr ich mir dessen bewußt war, daß es eine Rache von mir an ihr war. Vor allem war ich daran gewöhnt. An ein und demselben Tag mit zwei Mädchen ‹rumzuknutschen›, als ich noch ein Junge war, oder später dann an einem Tag mit zwei verschiedenen Frauen zu schlafen, hatte mir immer das Gefühl grenzenloser Macht gegeben. Ich fühlte, daß ich allem zum Trotz existierte. Eine Art «coito ergo sum». Wenn ich zurückdenke, staune ich, wie oft ich das mit Alessandra gemacht, und wie ich es gemacht habe (ich fühle, daß ich das heute nicht mehr fertigbrächte).

Ein Beispiel dieser Gewalt gegen Alessandra (wer weiß, welches ihr einfallen würde: vielleicht irgendwas, was meine Beziehung zu ihren Eltern betrifft) ist das folgende: eines schönen Tages waren wir vollkommen pleite, es waren noch fünftausend Lire da, die gehörten ihr; das war alles für den Monat (und wir hatten erst den zehnten oder zwölften, glaub ich). Ich wollte sie sofort verbraten. Sie war damit nicht einverstanden. Am Schluß eines Krachs über dieses Thema ließ ich mir die fünftausend Lire ‹zum Spaß› dafür geben, daß ich mit ihr schliefe. Aber sehr ‹spaßig› ist das nicht gewesen, scheint mir. Hinterher war ich sehr bedrückt; es war etwas geschehen, was mir noch nie in den Sinn gekommen war. Das war ungeheuer gewalttätig, nicht wegen des Geldes, sondern wegen des Machtgefühls, das ich bei dem Gedanken hatte: «Sie gibt mir alles, was sie hat, um wieder mit mir schlafen zu können.»

Die Beziehung mit Alessandra ging endgültig mit einem ‹Knatsch› auseinander, in den so ungefähr alle Leute reingezogen wurden, die wir kannten. Er spaltete sie in Lager. Das war eben noch so eine ‹schreckliche› Sache, die da passierte: wir kämpften mit allen verfügbaren (menschlichen) ‹Schachfiguren›. Ich frage mich jetzt, wo ich eine andere ‹Beziehung›, eine neue Liebe habe, ob und inwieweit die Unterschiede die Ähnlichkeiten überwiegen.

Ich bin mit Angela zusammen; sie ist vollkommen anders als Alessandra, und ich habe mich ziemlich verändert, glaube ich (auch hier fällt die Darstellung wieder zu meinen Gunsten aus). Angela und ich, wir leben nicht zusammen; die Beziehung sollte eigentlich auch keine Zweierbeziehung sein, sondern eine ‹offene›. Aber in Wirklichkeit ist sie eben doch eine Zweierbeziehung. (Gerät sie vielleicht gerade jetzt, wo ich das schreibe, in die Krise? Wir fühlen uns ‹fern› voneinander.) Sie dauert schon eine Ewigkeit (zwei Jahre), und es hat bislang noch keine ernsthaften Streitigkeiten oder Kräche gegeben. Aber gerade darum frage ich mich, ob nicht auf längere Sicht viele Situationen oder Haltungen sich doch wieder so einstellen wie gehabt. Auch gegen unseren Willen. Eben als unsere geschichtsbedingten ‹Rollen›. Ich habe in meiner Brieftasche einen Brief von Angela. Es ist kein Liebesbrief, im Gegenteil. Als ich ihn bekam (und wenn man bedenkt, daß normalerweise zwischen uns alles ‹gut› zu laufen scheint), bin ich ernstlich erschrocken. Ich trage ihn mit mir rum, ich weiß auch nicht, wieso. Vielleicht aus Aberglauben, wie man sich im Urwald eine Kette aus Tigerzähnen umhängt und denkt: «Ich habe dich entwaffnet; hier habe ich deine Hauer; mich legst du nicht mehr rein.»

Hier ist ein Teil dieses Briefes, der erklärt, was zwischen mir und Angela, in dieser ‹ruhigen Zweierbeziehung›, vorgeht:

«. . . Mittwoch abend hast du meine vollkommene und totale Verzweiflung sehr wohl mitgekriegt, oder hättest sie zumindest mitkriegen müssen, die sich in den folgenden Tagen bestimmt nicht gebessert hat, im Gegenteil (. . .) ich überlege, wie ich jemandem was Böses antun könnte (zum Beispiel dir mit diesem Brief). Eins ist sicher, wenn DU Lust auf was hast, kümmert es dich einen Dreck, ob ich krepiere; dir kommt auch nicht in den Sinn, daß ich meine eigene Zeiteinteilung habe, du denkst viel zu sehr an die Lotta Continua, um an mich zu denken. Das sind die *schönen* Seiten der Zweierbeziehung. Bis vor ein paar Monaten wäre ich auch nicht mal draufgekommen, dir diese Vorwürfe oder diese Art von Prozeß zu machen, wie es mir ja auch nicht in den Sinn kommt, Franco zu beschimpfen, weil er mich nicht jeden Abend anruft. Der Befürworter unserer Zweierbeziehung bist du, und deshalb kriegst du auch diese giftigen Zeilen ab. Und weil ich außerdem glaube, daß, wenn ich dir sage: ‹Mir geht es wirklich mies›, es dir scheißegal ist, aber wenn ich dir sage: ‹Ich vögle mit einem anderen›, du auf die niederträchtigste, ekelhafteste, feigste und erpresserischste Art und Weise violett anläufst, mache ich dich darauf aufmerksam, daß ich mich verzweifelt darum bemühe, daß sich diese zweite Annahme bewahrheitet, die ist vielleicht die einzige Möglichkeit, daß du dich eine Spur so mies fühlst, wie ich mich die letzten Tage gefühlt habe. (...) Wie du wohl mitgekriegt haben wirst, da du ja intelligent und belesen bist, bin ich ganz schön durcheinander. Und ich bin BÖSE, ich bin *endlich* böse. Ich bin keinen Scheiß verständnisvoll und ich bin gehässig! Aaaah! (Seufzer der Erleichterung.) Ich weiß, daß du nie und nimmer so etwas von mir erwartet hättest, aber was willst du, Zwillinge haben eben zwei Gesichter. Und weißt du, was das Schlimmste ist? (Wie es in dem berühmten Lied von Gino Paoli ‹Verzeihung für alles› usw. heißt:) Daß ich nichts bereue (...) Daß ich nicht mal Lust habe herauszufinden, warum du ein Arschloch bist; aber wenn du es wolltest, würde ichs dir in fünfzehn Minuten beweisen. Weniger Küßchen hier und Küßchen da und ein bißchen mehr WIRKLICHES Interesse am anderen. Ein bißchen offener mir gegenüber, ein bißchen weniger egozentrisch als üblich. Du bist oberflächlich. Und ich bin so blöd, den Mechanismus der ‹Zweierbeziehung› einklicken zu lassen. Und mehr zu erwarten, als du mir geben kannst. Erinnerst du dich, wie oft schon ich mit dir darüber geredet habe? Wahrscheinlich nicht. Es waren unklare Gefühle des Unwohlseins, des Schmerzes, der Unsicherheit, die mir heute – aus der Ferne gesehen – klar vorkommen. Ich weiß nicht, ob ich das an dich abschicken soll oder nicht, es kommt mir zu hart vor. Aber unsere idyllische Liebe verdient das. Schreib mir eine ausführliche

Antwort. Aber ruf nicht an, und kommt NICHT (angenommen, du hättest es vorgehabt). Angela.»

Ich versuche, meine Reaktionen auf diesen Brief zu beschreiben. (Es ist schwer, über etwas zu sprechen, was noch ‹im Gang› ist.) Das erste, was mir offengestanden durch den Kopf ging, war, daß das «Vögeln mit einem anderen» aus Rache wirklich eine Nutteneinstellung wäre. Was beweist, wie sehr Angela ins Schwarze getroffen hatte.

Es gab eine Unmenge Dinge, die mich quälten, die mit ‹Eifersucht› nichts zu tun hatten und die ich in den folgenden Tagen allesamt in einem Brief an Irene aufzuschreiben versuchte (die ‹Nutteneinstellung› inklusive), um dann mit ihr darüber zu reden. Recht hatte – ohne Zweifel – sie.

Aber es bestand noch ein größeres gegenseitiges Nichtbegreifen, als es sich in dem Brief herausgestellt hatte; insofern, als ich überhaupt nicht realisiert hatte, wie dreckig es ihr ging, und sie nicht mitgekriegt hatte, daß ich mich in einer Phase ‹depressiven Weltschmerzes› befand und schon seit etlichen Tagen bis morgens um fünf schlaflos meinen Nabel oder meine Zehen betrachtete. Oder dachte: «Ich bin in einen Schrank eingeschlossen.»

Was ich sah – aus meiner Sicht – war folgendes: ich stecke in einer schweren Krise und mitbeteiligt daran ist auch meine Angst, daß es mit Angela so oder so schlecht ausgeht. Ich kann einfach mit niemandem (auch mit ihr nicht) darüber sprechen.

Vielleicht erzähle ich niemandem etwas Neues, wenn ich sage, daß am Anfang der Beziehung zwischen mir und Angela (zusammen mit vielen anderen Dingen, zum Beispiel der Freude, mit ihr zu sprechen, mit ihr zu schlafen usw.) es auch dies «Helfen wir uns gegenseitig auf den unsicheren Straßen dieser Welt weiter» gab; verstärkt noch durch die Erklärung (die die dritte – wenn nicht erst die zweite – ‹Liebeserklärung› war): «Wenn du auch so doof und unbeholfen bist wie ich, dann . . .»

Dieses ‹Sich-dämlich-Vorkommen› – vor allem körperlich – ist dann auch der Grund, weshalb ich von Zeit zu Zeit an einen Genossen und seine Freundin (die ich beide wirklich sehr gerne habe) folgendermaßen denke: «Sie sind schön, stark und blond, selbstsicher, haben Arbeit, Wohnung usw., selbst die Kinder und die Hunde sind schön usw. Wie können die sich nur erlauben, sich beschissen zu fühlen?»

Diese allgemeine gesellschaftliche Scheiße, in der jeder absolut alleine mit sich ist, bewirkt folgendes: sobald jemand dir dermaßen gefällt, daß er/sie wirklich wichtig für dich wird, magst du einfach nicht mehr auf ihn/sie verzichten, weil du auch nicht viele andere Möglichkeiten hast. Also muß dieser Mensch *dir* gehören. Mit Leib und Seele. Das heißt, er verwandelt sich von einem Menschen in eine Sache, in ein Objekt. Alles ganz einfach und klar.

Ich lese Engels; ich weiß, daß uns geschichtlich die Idee ‹eingeprägt› worden ist, daß jede Beziehung, die keine Paarbeziehung ist, ‹unnatürlich› sei; ich lese usw., und ich rede usw. und sage (zu den anderen): «Aber sicher, so ist es doch. Weg mit diesen alten Hüten.» Das Zweierglück als Doppelstrick. Na klar.

Aber wie befriedige ich dann dies Bedürfnis, eine Liebesbeziehung zu haben, die absolut und vollkommen ‹nur meine› ist und mich nicht im Stich läßt?

So wird die Eifersucht, obwohl sie doch ein ‹alter Schuh› ist, für mich und, ich glaube, auch für viele Genossen zu einer neuen Realität – und einer schlimmeren als je zuvor. Denn vorher (vor dem Feminismus, meine ich) war alles einfach; und alles ging zu meinen Gunsten. Im wesentlichen hatte ich – als Mann – das Recht, die Berechtigung und Macht (das heißt, die ‹kulturelle› und sozio-ökonomische Vollmacht), eifersüchtig zu sein. Und es sogar für unannehmbar zu erklären, daß es die Frau auch wäre. Oder daß ‹meine eigene Frau› mit einem anderen vögelt.

Das war nicht nur eine sexuelle Frage; es gibt dabei auch den für mich ungeheuer wichtigen Aspekt der ‹Aufmunterung›: mir geht es absolut dreckig, doch sie ist geduldig und lächelt immer . . . Das gilt entsprechend für die anderen Bereiche unserer Beziehung: Arbeit, Wohnung, Kinder usw. Die Macht des Mannes.

Alles das steckt noch immer in den Männern drin, aber so langsam kommen wir in der Praxis dahinter (angefangen – hoffentlich – bei den Genossen; *aber zieht diese Welle auch über die extreme Linke hinaus Kreise?*) und WERDEN GEZWUNGEN ZU AKZEPTIEREN, daß das alles falsch ist.

Dir ist klar, daß die Frau, mit der du zusammenbist, nicht ‹deine› ist; das weißt du ohne den geringsten Schatten eines Zweifels. Es ist dir sonnenklar. Welcher Genosse könnte da so reaktionär sein zu denken, eine Frau sei ‹sexueller Privatbesitz› von irgend jemandem? Keiner. Dennoch stimmt das Verhalten in der Praxis mit der Theorie nicht überein.

Ein feministischer Slogan sagt: «Nicht Huren und nicht engelrein – Frauen wolln wir endlich sein!» Ich weiß das seit Jahren, ich glaube daran. Ich nehme ein solches Gespräch, wenn ich es zum Beispiel im Autobus höre, nicht hin: «Finden Sie nicht auch, mein Herr, die Frauen sind alle Huren?» So etwas lasse ich nicht durchgehen, ich fange mit dem unbekannten Ringbus-Reaktionär zu streiten an. Ich bin ja schon immer ein ‹Autobus-Kämpfer› gewesen; gebt mir einen Reaktionär, der Mist quatscht, und ich halte eine flammende Rede bis zur Endstation, auch zur Stoßzeit. Ich überzeuge jeden Unschlüssigen.

Aber wie sieht's bei mir selber aus? Bei vielen Gelegenheiten, wie zum Beispiel, als der Brief von

Angela kam, war meine erste Gefühlsreaktion, das weibliche Verhalten nach dem Schema ‹Hure› oder ‹Engel› einzuteilen. Also zu entscheiden, welcher dieser beiden Kategorien (oder Rassen?) man die ‹Angeklagte› zurechnet.

Noch vor einem Jahr hätte ich solche Dinge wahrscheinlich nicht zu Angela gesagt. Oder zu anderen Leuten. Vielleicht hätte ich das noch gar nicht kapiert. Mache ich ‹Fortschritte›?

Aber im Grunde meines Herzens fällt mir die Einstellung nicht leicht, daß Laura oder Paola mit ihren ‹zahlreichen Parallelbeziehungen› nicht einfach bloß zwei sind, ‹die mit allen rumvögeln›.

Unter uns herrscht große Heuchelei: ein (sehr ‹guter›) Genosse fand es immer spaßig, daß eine (seine) Frau eine ältere Freundin hat, und ihn amüsierten auch die ‹kleinen Frauengruppen› der Feministinnen; für ihn war das Problem der ‹weiblichen Homosexualität› (so der streng wissenschaftliche Begriff) kein Trauma; man müsse diese moralischen Vorurteile überwinden. Bis zu dem Tag, an dem ihm die (seine) Frau erzählte, daß sie mit der anderen geschlafen habe. Da machte der streng wissenschaftliche Begriff den ‹Scheißlesben› Platz.

Ich frage mich: wie würde ich reagieren?

Mich kotzen Theorien ein bißchen an. Ich habe von ‹völlig offenen› Beziehungen reden hören und habe alles kurz vor Messerstechereien enden sehen. Auch bei Leuten, die ich für ‹besser›, ehrlicher und aufrichtiger halte.

Das läßt so manchen vielleicht auf reaktionäre Gedanken kommen. Ab und zu auch mich.

Aber . . . das ist eben die Krise.

Zurück führt kein Weg. Warum, haben wir gesehen. Und ich sehe es noch immer: diese ‹alten› Paare, die sich nichts mehr zu sagen haben, die sich hassen und verhaßt machen in ihrer alltäglichen Selbstdarstellung als Mann und Frau oder als Vati und Mutti.

Es heißt überall: «Es ist der Feminismus, der die Krise des Mannes bewirkt». Das sagt auch der ‹Corriere della Sera›, wobei er so tut, als sagte er was sehr Ernstes. Auch viele Genossen sagen es.

So ist es aber nicht. Oder wenn es so ist, liegt es an unserer Entartung als Männer: Franco erzählt mir von einem Genossen, der, kaum kriselte es im Verhältnis zu seiner Frau (die Feministin geworden war), unfähig war, eine neue Beziehung (weder mit ihr, noch mit einer anderen) aufzubauen; sondern er hat «nach vielen Jahren wieder damit angefangen», in den Puff zu gehen. Zu bezahlen für die Macht, sicher nicht für die Liebe.

Eines der zahlreichen Beispiele, wie wenig ‹links› der ‹linke› Mann ist. Und dann stellen sich noch welche hin und sagen, daß Gerard Depardieus Darstellung eines linken Mannes in Ferreris Film *Die letzte Frau* ‹zu gehässig› ist, daß die Genossen im allgemeinen nicht so barbarisch männlichkeitsbesessen und bekloppt sind . . .

Ehrlich gesagt, auch ich hatte geglaubt, Depardieus Figur sei zu überzeichnet. Ehe ich mich ein bißchen genauer umsah: um mich herum und in mir selbst.

Ein anderer Gedanke (den ich manchmal habe) ist der: der Feminismus greift gerade jetzt an, wo wir sowieso von allen Seiten angegriffen werden. Ich will damit sagen: für mich ist das eine schwerwiegende Sache, ‹keine Wohnung› zu haben, oder ‹keine Arbeit›, oder auch ‹keine Partei», oder ‹keine Frau›. Aber wenn das alles zusammenkommt – so wie jetzt – dann fällt es mir doch schwerer zu denken: «Angela hat wirklich recht, wenn sie . . .» oder: «Die Feministinnen haben wirklich recht.»

Ohne Wohnung (oder mit einer, die man nicht bezahlen kann), ohne Arbeit (oder mit einer Umschulungsbeihilfe), bei dieser beschissenen Linken, die wir haben, fällt es mir schwer, der (meiner) Frau (außer ‹rein theoretisch›) Recht zu geben. Der ‹Gegenpartei Frau›. So schnell hingesagt, klingt dieses ‹Wohnung, Arbeit, Frau› eher beschissen, oder wie eine linke Version von *Anna* von Lucio Battisti: die Geschichte von einem, der zwar Wohnung, Arbeit und eine Frau hatte, die ihm Kaffee kochte und – abends – nicht ‹nein sagte›, aber trotzdem war das alles nichts, er (Lucio) war verzweifelt, weil er doch Anna wollte.

Es ist komplizierter. Ich weiß – im großen und ganzen –, daß man in puncto Wohnung oder Arbeit etwas machen kann (oder zumindest könnte), indem man für die ‹proletarische Miete – 10% des

Lohns› kämpft und sich organisiert (oder für ‹gerechten Lohn› nach KPI- und PDUP-Muster), was aber soll ich von der ‹Gegenpartei Frau› fordern? (10 % der Liebe? Die gerechte Zweierbeziehung?)

Ich finde es ungeheuer schwierig, über das alles von Montagmorgen bis Sonntagnacht inklusive zu reden. Mit vielen ‹Tricks› versuche ich, dem auszuweichen. Vor allem mit witzigen Pointen und indem ich mich darüber lustig mache (dieses Lachen wird mich früher oder später unter die Erde bringen). «Lachen in die Wunden gießen». Oder ich versuche es mit ‹harter Männlichkeit›. Beim nächtlichen Umzug riefen die Feministinnen: «Ihr protzt mit Härte früh und spät, Schiß habt ihr vor der Sexualität.» Ich mache selten auf ‹rauh und männlich›, aber andere versuchen es. Ich habe da andere Tricks.

Ich habe auch den Schlängelpfad der Entdekkung, des Gebrauchs und Mißbrauchs des Weinens ausprobiert. Das heißt, ich habe vor ein paar Jahren mit Erstaunen (für ein ‹Männchen›) entdeckt, daß Weinen nützlich, sogar schön ist. Dann habe ich intensiv ‹Gebrauch› vom Positiven und Negativen des Weinens gemacht. Bis ich ‹Mißbrauch› damit trieb; das heißt, ich weinte (wenn nicht auf Befehl, so doch fast) bei jedem Problem – mit der (meiner) Frau –, an das ich nicht ran wollte, mit einer Miene, als wollte ich sagen: «Seht nur, wie ihr mich alle zusammen klein gekriegt habt.»

Lachen und Weinen sind wichtig und schön. Ich

könnte eine wunderschöne Geschichte über ein Gelächter (oder einen Wettlauf) zwischen mir und einer Frau oder mir und einem Mann erzählen, die ‹das Leben verändern›. Aber Lachen und Weinen können auch üble Tricks sein.

Ein anderer Trick. Er ist nicht so einfach zu erklären: ich nenne ihn den ‹Archie-Shepp-Trick›. Shepp ist Saxophonist, er macht free jazz. Als er vor vielen Jahren zum erstenmal nach Italien kam, legte er auf der Bühne sofort mit knallhartem free los. Das (‹wohlanständige›) Publikum fing an zu pfeifen. Archie und seine Band unterbrachen einen Moment. Und fingen das klassische (und süßliche) *Sophisticated Lady* von Duke Ellington, dem berühmten ‹Onkel Tom› der Musik an: perfekt gespielt, süß wie Honig. Verwirrung im Publikum. Dann großer Applaus, und sofort stimmt Shepp's Sextett einen Zirkusmarsch an (den, wenn die Clowns reinkommen), und dann gleich wieder den ‹free jazz› von vorher. Die Botschaft ans Publikum war klar: «Wir können spielen, was euch gefällt; aber für uns ist das Possenkram, wir spielen das hier, ob's euch gefällt oder nicht.» Ich wende den ‹Shepp-Trick› häufig bei Angela und vielen Genossen/Genossinnen an, wenn sie mich mit persönlichen (meinen oder ihren eigenen) Problemen konfrontieren, an die ich nicht ran will oder die ich für ‹beschissen› halte. *Sophisticated Lady*; länger als bei Shepp. Das kann sogar einen oder zwei Tage dauern, auch eine Woche. Das heißt, ich ‹spiele› eben das, was sie von mir erwarten, und das spiele ich sehr gut; auch wenn ich nicht dran glaube. Und dann spiele ich wieder das weiter, was mir gefällt. Oder spiele ihnen vielleicht das Kuddelmuddel vor.

Der Lach-Trick; der Wein-Trick; der Shepp-Trick. Aber der am meisten angewandte ist immer noch der gute alte Schwindel-Trick. Einfach. Wirksam (solange man nicht dahinterkommt; manchmal auch dann noch – wenn einer sehr ‹geschickt› ist und Selbstkritik übt . . .).

Lügen. Von der Vernunft her ist es absurd zu denken, daß man eine menschliche Beziehung auf Lügen gründen könnte. Und trotzdem habe ich bemerkt, wieviele Lügen ich (m)einer Frau aufgetischt habe, wie absolut ungerechtfertigt sie waren und wieviele weitere sie dann nach sich zogen (ich versuche, damit aufzuhören, aber es ist eine ‹harte› Droge, die süchtig macht, und die Entziehung dauert lange.

Zu Ehren meiner Rolle als ‹italischer Supergokkel› habe ich immer von einer ‹ungeheuer aufreibenden› Phase meines Lebens zwischen 17 und 22 erzählt, als ich noch ‹Weiber haufenweise› hatte. In Wirklichkeit war genau das Gegenteil wahr. Außer daß sie meine ‹öffentliche Biographie› unnütz durcheinanderbringt, verdeckt diese Lüge unter anderem auch die Schwierigkeit, nun anderen Leuten und vor allem mir selber plausibel zu machen, warum ich dann ganz plötzlich – mit 23 – die Frauen entdecke und/oder umgekehrt.

Mit einemmal soll ich ‹sicherer›, interessierter und interessanter, ‹pfiffiger›, schöner geworden sein? (Es klingt wie die Geschichte «Wie Remigius der Bucklige, ein Muster an Verlogenheit, ein Ausbund an Dämlichkeit, der Inbegriff der Bosheit, sich in Remigius den Schönen verwandelte» in Scorzas Roman «Die Geschichte von Garagombo dem Unsichtbaren».) Diese magische Erklärung gefällt mir nicht so richtig. Aber es fallen mir keine anderen ein, auch wenn ich darüber nachdenke.

Sicherlich habe ich mich in der Phase damals – mühsam – von einigen drückenden Zwängen befreit. Darunter von dem, eine mythische Vorstellung von der Frau, die ich ‹suchte›, zu haben. So um die 20 war ich restlos davon überzeugt, darauf fixiert, daß die einzige Frau, die überhaupt mein Interesse verdiente, folgendermaßen beschaffen sein müßte: blond, sehr schlank, volles aber schmales Gesicht, große Augen, einwandfreie Zähne, großer Busen, aber schmale Hüften, hochangesetzter Arsch, lange Beine (und offensichtlich ‹doof›; aber damals dachte ich ‹lustig, witzig . . .›).

Ich konnte mich auch zu einem «Exemplar eine Nummer kleiner» herablassen, aber . . .

Man könnte sich umbringen dafür, daß man sein ganzes Leben mit dem Versuch zubringt, ein Bild ‹dingfest zu machen›, das es überhaupt nicht gibt. Ich glaube, auch viele Frauen haben sich umgebracht, weil sie dieser Modellvorstellung nicht genügend entsprachen (oder anderen, die danach kamen); aber ich wußte nicht, ich hatte nicht mitgekriegt, daß es auch die gab wie Marilyn Monroe, die eines dieser ‹Symbole› geradezu ideal verkörperte und sich trotzdem umbrachte, weil sie nicht mehr das ‹perfekte Objekt› sein wollte; der einzige gangbare Weg, ein Mensch zu sein, war der Tod.

Sich von diesen Modellvorstellungen zu befreien, sich zu emanzipieren, ist nicht leicht. Auch besser zu verstehen, was ‹sexuell interessant› ist, welche unbewußten Modellvorstellungen sich festsetzen.

Als ich beim Militär war – das ist eine Welt, ganz anders als die draußen, wo dein ‹Persönliches› immer kurz vor dem Explodieren ist – da habe ich mich gefragt und darüber diskutiert, welche Unterschiede es zwischen mir und den anderen Soldaten gebe, auch im Hinblick auf die Sexualität. Bist du mit deinem politischen Bewußtsein, mit deiner ‹überdurchschnittlichen Bildung›, mit der Fähigkeit, den ideologisch-psychologischen Mechanismus der Militärmaschinerie, der du gegenüberstehst, zu durchschauen, über die verzweifelte sexuelle Situation in der Kaserne erhaben? Die Debatte darüber ist sehr lang und wichtig; einmal mehr widersprachen einander Theorie und Praxis. Alle masturbieren heimlich in der Kaserne; es gab auch einige ‹Superproleten›, die es offen machten; das fand ich manchmal abstoßend, manchmal sehr schön.

Ich hatte in der Kaserne ‹Privilegien›, auch im

Sex, die andere nicht hatten. Ich wußte, wie man einen Liebesbrief ‹abfaßt› (und die habe ich auch für andere Soldaten geschrieben, wenn sie mich darum gebeten haben; mit dem eigenartigen Gefühl, mit jemandem von Liebe zu sprechen, den man gar nicht kannte). Ich wußte, ‹wie man Frauen anmacht und abschleppt›, ohne aggressiv zu sein. Es gab sogar Genossinnen von Lotta Continua, die mir ‹Verwandtenbesuche› machten, um mir Ausgang zu verschaffen, damit ich ab und zu an Veranstaltungen von PID teilnehmen konnte. Mein soziales Ansehen stieg gewaltig, als innerhalb weniger Tage zwei verschiedene Frauen mich mit allen Anzeichen von Zärtlichkeit in der Kaserne besuchen kamen. Das verbreitete sich wie ein Lauffeuer in der feldgrauen Soldatenwelt. Diese Dinge gaben mir das Gefühl, in einer anderen Welt zu leben. Ich lebte, plagte mich (hierin suchte ich keine Privilegien) und kämpfte zusammen mit allen anderen; aber dann erinnerten mich diese Dinge daran, daß nicht einmal unsere Sexualität die gleiche war. Denn, um bloß ein Beispiel zu nennen, ich kriege keinen Ständer bei ‹OV›, einem der meistgelesenen Magazine in der Kaserne, diesem wöchentlich erscheinenden Fotojournal mit Schwanzlutschen, Arschficken, bißchen Leder und Peitsche und faschistoiden Begleittexten; aber eher schon bei ‹Playmen›, in dem der Mechanismus derselbe ist, bloß mit mehr ‹Finessen›. Wie mich im Kino ja auch *Laura* (ein Abklatsch von *Emmanuelle*), ein großer Hit in meinem Schlafsaal, nicht reizt, weil ich als Gegenbild das doppelbödige Spiel von Verweigerung und totaler Hingabe in Buñuels *Viridiana* im Kopf habe.

Wie sieht der wahre männliche Herr und Gebieter nach ‹OV› und Konsorten aus? Riesenschwanz, Dauerficker, keine Zugeständnisse an die Zärtlichkeit, nimmt die Frauen auf alle möglichen Arten; ab und zu natürlich ‹sträubt› sich eine ein bißchen, aber nur um sich ‹aufzuspielen›, denn gleich hinterher, wenn sie sie dann alle durchficken, hat sie nämlich so einen irrsinnigen Spaß dran, daß sie sich vor Lust am Bettgestell festbeißt (bei diesem «Wenn die sich sträubt, dann nur, um sich aufzuspielen» handelt es sich um eine Art «ideologische Rechtfertigung der Vergewaltigung»). Der Gipfel der Lust ist hier immer das Schwanzlutschen. Und ein Kerl «wie es sich gehört» produziert Sperma gleich in Litern, nicht tröpfchenweise.

Was steckt hinter diesen Legenden? Den Schwanz gelutscht zu bekommen, ist sicherlich nicht der Gipfel der Lust; sondern bloß der Gipfel der Machtausübung. Denn einer Frau den Mund zu schließen – indem man ihn ihr mit dem Schwanz stopft – heißt, sie zu erniedrigen; zumindest ist das die Bedeutung dieses Vorgangs in unserer Kultur. Hinter den Litern von Sperma könnte man ein Verleugnen der Unfruchtbarkeit vermuten; dieser Literschwall von Sperma stellt das Befruchtungsvermögen des Mannes dar. Weil es aber leider immer noch Leute gibt, die das felsenfest glauben, habe ich einen ganzen Tag damit zugebracht, einem Soldaten klarzumachen, daß es keinen Grund gebe, sich umzubringen, wenn man höchstens ein Bächlein Samen produziert, weil das allen so gehe; (ich weiß nicht, ob er mir das nur deshalb abgenommen hat, weil wir zusammen in Koststreik getreten waren; oder wegen des ‹sozialen Ansehens›, von dem ich schon gesprochen habe; oder vielleicht weil ich der einzige unter den ‹politischen Kadern› war, der auch über diese Dinge zu reden versucht hat).

Habe auch ich unbewußt daran geglaubt? Ich glaube, ja; ich glaube, daß dies – für lange Zeit – auch meine Modellvorstellungen gewesen sind. Ein bißchen kulturell übertüncht. Ich glaube das, weil ich sehe, wie ganz anders ich heute die Liebe praktiziere.

Adriano hat mir erzählt, daß er und die (seine) Frau miteinander schlafen, ohne daß er in sie eindringt, weil er das als Gewalttätigkeit empfindet. Das ist, soviel ich weiß, ein Einzelfall: aber er ist wahr. Ich kenne die (seine) Frau gut – Marta –, wir haben darüber gesprochen. Adriano ist wirklich ehrlich. Aber er ist auch aus einem anderen Grund eine Ausnahme: Adriano kenne ich seit Jahren, und er war der klassische Genosse, der jeder x-beliebigen Frau mit einer Hand am Hintern und einer an den Titten rumfummelte, nachdem er sie höchstens drei Minuten kannte.

Angela und ich haben oft darüber geredet. Für

mich ist das Eindringen ein wunderschöner Augenblick, aber eben nur einer von vielen schönen Momenten beim Lieben. Auch sie empfindet es nie als Gewalttätigkeit. Ich habe ihr vielmehr gesagt, daß ich ihr gegenüber, überhaupt jeder Frau gegenüber das Schwanzlutschen als einen Akt der Erniedrigung und nicht der Liebe empfände.

Wenn ich mich auch nicht gänzlich von diesen Modellvorstellungen befreit habe, so sagt oder tut aber auch Angela ab und zu die merkwürdigsten Dinge: eines Tages hatten wir lange, ausgiebig und auf viele Arten miteinander geschlafen, wir waren alle beide überglücklich, aber als ich dann am Ende in sie eingedrungen war, hatte Angela gesagt: «Endlich haben wir richtig miteinander geschlafen». Wir waren beide erstaunt, daß gerade sie die Vorstellung von Beischlaf allein mit dem Eindringen in sie verband.

Beim Kommiß habe ich wirklich viel über meine persönlichen Erfahrungen gesprochen; ‹unsere NEP›, wie wir das nannten (Neue Erfahrungen Persönlicher Art), ist sogar besser als die von Lenin. Seitdem ich vom Militär zurück bin, bin ich wieder ‹aus einem Guß›. Oder besser gesagt: jetzt kann ich wieder bestens mit Genossinnen reden. Wenn es auch mühsam und schmerzlich ist, mit Marta oder Nanda, mit den anderen Frauen, vor allem mit Angela, so mache ich doch ‹Fortschritte›.

Warum dies? Sagen mir Angela, Nanda oder Marta mehr als Nino oder Matteo? Sind sie ‹besser›, ‹linker›? Oder habe ich im Grunde nur Angst, es könnte, wenn ich mit Nino oder Matteo rede, unsere männliche ‹Solidarität› in Scherben gehen oder wir könnten uns an die Gurgel springen?

Die Feministinnen machen ihre ‹Selbsterfahrung›, kleine Gruppen . . . Wir Männer nicht, aber könnten wir es überhaupt – wenn wir wollten? Würde es was nützen? Angela sagt nein: sie sagt, daß das ‹Persönliche› der Frau politisch ist, da Familie und Sexualität seit jeher die wirklich materielle Grundlage des Lebens der Frau sei, während das ‹Persönliche› des Mannes nicht politisch ist (wenn nicht im negativen Sinn), weil der Mann seine Wurzeln anderswo hat: in der Arbeit, im Sozialbereich und so weiter.

Ich weiß nicht, ob Angela recht hat, aber ich glaube, ja. Ich rede darüber mit Matteo; er gibt mir zur Antwort: du schmeißt dich da so rein, damit du ja nicht mit mir reden mußt oder mit Nino. Du ziehst dich den anderen Genossen gegenüber in eine rote Wüste zurück. Du redest nur mit den Frauen. Bist du vielleicht ein kleiner ‹Opportunist›?

Es liegt etwas fundamental anderes in diesem Sprechen der Frauen untereinander; zum Beispiel ist Matteos Frau zu einer Genossin gegangen, mit der Matteo ‹eine Geschichte› hatte, um mit ihr zu reden; es liebt etwas grundsätzlich anderes in diesem Versuch, untereinander etwas zu finden, was sie als Frauen verbindet, auch in einem solchen

Augenblick, anstatt sie zu trennen. Wenigstens einen Versuch haben sie unternommen. Ich unternehme solche Versuche erst gar nicht. Ich habe nie Lust verspürt, dem Mann auch nur ins Gesicht zu sehen, mit dem Angela eine ‹Geschichte› hat, die seit Jahren (fast) beendet ist. Welche Gemeinsamkeiten sollten wir suchen?

Nino, der Genosse, mit dem mich die längste, tiefste – manchmal geradezu telepathische – Freundschaft verbindet, redet mit mir immer weniger über sich, jetzt, wo seine Parallelbeziehungen mehr einer geometrischen Figur mit lauter Ecken und Kanten, aber ohne Parallelen gleichen. Ich habe es nie geschafft, mit Nino über meine Gefühle zu reden, die ich hatte, als er jeweils kurz nach unseren Krisen mit Maria und dann auch mit Alessandra geschlafen hatte. Ich habe auch nicht die spaßige Bemerkung erzählt, die mir so oft eingefallen ist, wenn ich, er und Irene beisammen waren: «Mach keinen Dreier, Nino. Sieh dir Irene gefälligst von weitem an.» Daß sich Nino dazwischenschob, als die Beziehung ‹platzte›, kam mir gelegen. Ich dachte nur: «Und wenn er sich reinhängt, wenn alles O.K. ist? Oder wenn ich das bei seinen Liebschaften machte?» In meinem Kopf hatte sich die Meinung festgesetzt: «Nein, niemals; an die Frauen meiner Freunde darf ich nicht mal denken. Da platz ich lieber . . .»

Und tatsächlich habe ich es vermieden. Aber ich zweifle, daß diese Überlegung auf sicheren Füßen steht (sie kommt mir ein bißchen ‹männerbündlerisch› und ‹mafiamäßig› vor), und ich merke jetzt, daß ich da ein Spiel spielte, das mich nicht interessierte und das ich folglich ruhig verlieren konnte. Denn da ich mich nie in die ‹Frauen meiner Freunde› verliebt hatte, war es eine Kleinigkeit, den ‹Prinzipien› treu zu bleiben.

Jetzt, wo ich entdeckt habe, daß mir Nanda gefällt, schere ich mich nicht viel um die Beziehungen, die sie hat, und um die Probleme, die daraus entstehen mögen. Oder besser: ich denke mir: «Na ja, man muß halt vielleicht auch kämpfen, falls . . .»

Tatsächlich ist da eine merkwürdige Geschichte passiert, gerade während ich das hier schrieb. Das heißt, vor drei Wochen, als ich anfing, das aufzuschreiben, was ich scherzhaft ‹meine Seele› nenne, da gab es alles in allem noch eine Richtschnur, auf die ich mich beziehen konnte. Natürlich ging es mir nicht gut, weil ich mich zwingen mußte, wieder an bestimmte Dinge zu denken, nicht zu sehr zu ‹mogeln› usw. Aber die Situation war einigermaßen klar (was sich eben in diesen letzten drei Wochen geändert hat): nämlich, daß ich seit vielen Monaten eine ‹monogame› Beziehung mit Angela hatte.

Ich hatte keine anderen Beziehungen, ich wollte sie nicht, ich suchte sie nicht. Ich theoretisierte nicht über die ‹geschlossene Zweierbeziehung›, ich dachte nur – meiner Erfahrung nach –, diese Beziehung zu Angela wäre die bestmögliche. Noch andere zu haben, erschien mir als ‹Flucht› vor unseren

Problemen. Ich dachte, daß ich es nicht aushalten würde, andere gefühlsmäßige oder sexuelle Beziehungen zu haben.

Vielleicht ist das eine Umschreibung für: «Wenn alles einigermaßen in Ordnung ist.»

Dann hat binnen drei Wochen das Gefühl, das ich Nanda gegenüber hatte, eine Kehrtwendung gemacht. Wir haben miteinander geschlafen. Wir haben irgend etwas (wer weiß, was?) auf die Beine gestellt. Es ist nicht das Ende der Beziehung zu Angela, aber es ist zunächst das Ende einer geschlossenen Zweierbeziehung, die drauf und dran war, ‹total› zu sein.

Es scheint eine äußerst banale Angelegenheit zu sein, wenn man jemandem erklärt: «Klar, jetzt stecke ich in der Scheiße, weil ich vorher eine Beziehung mit Angela hatte, jetzt aber nicht weiß, ob mir so eine Beziehung, ausschließlich wie sie war, überhaupt paßt: so ausschließlich, wie ich es obendrein selbst gewollt habe.» Ich kenne weder Angelas Reaktionen auf all das. Noch meine. Noch die von Nanda. Noch . . .

Ich habe lange geglaubt, daß ich politisch sehr links und in meinen persönlichen Angelegenheiten sehr rechts wäre. Dann habe ich mir klargemacht, daß das nicht möglich ist. Von da an habe ich versucht, auch in den persönlichen Beziehungen Genosse zu sein. Ich glaube zu ‹wissen›, was das heißt. Ehrlichkeit. Zu versuchen, den anderen nicht wehzutun, sie jedoch nicht in feste Kästchen zu stecken, sortiert nach persönlichen und sexuellen Beziehungen, die sich nie ändern, nie wachsen, nie reicher werden.

Dennoch überkommt mich immer wieder das dringende Verlangen nach einer ‹totalen› Beziehung; die aus allem heraus lebt und alles durchprobiert. Aber das erfüllt sich offenbar nicht und kann sich auch nicht erfüllen.

Also weiß ich nicht, was ich tun soll. Wenn ich zu Angela, Nanda oder wem auch immer sage, daß ich mich ‹in der Krise› befinde und nun wirklich überhaupt nichts mehr kapiere, kommt es mir im Grunde vor, als wendete ich schon wieder eines meiner Machtmittel (verwirrt zu sein) *gegen* die anderen.

Ich weiß nicht, wo das Gefühl für die anderen anfängt und wo es aufhört. Ich versuche, darüber zu reden, und schaffe es nicht. Keine Tricks diesmal. Nur Verwirrung. Und nicht nur mir geht's so.

Vor ein paar Tagen hat mir Aldo geschrieben; er war mit mir beim Militär. Wir sind sehr eng miteinander befreundet. Aus tausend komischen Gründen fühle ich mich ihm nahe, darunter seinem ‹Wippen› auf den Füßen – wenn er sich nicht wohlfühlt in seiner Haut, wenn er sich in einer besonders schönen oder besonders unangenehmen Lage befindet –, wie ich es auch mache. Das ist der Brief:

«Mein Lieber, ich weiß nicht, warum gerade jetzt, warum gerade an dich. Aber ich schreibe eben. Kann sein, daß ich mich hinterher frage, warum, und daß mich große Angst packt. Du bist mir in den Sinn gekommen: als Fixpunkt in dieser augenblicklichen Lage, in der ich bis zur Nase drinstecke und nicht weiß, wie ich rauskomme (...) Ich schreibe jetzt, weil es mir sehr schlecht geht und ich mich daran erinnere, mit dir geredet und dabei herausgehört zu haben, daß es für dich wichtig wäre, ein ernstes Gespräch zu beginnen, das ‹Innere› abzutasten, zuzusehen, wie es hervorkommt, wie es sich entkrampft. Wir sind hier in einem winzigen Kaff mit einer Gruppe Genossen; mit Freunden, denen ich seit langem verbunden bin, wir machen hier Ferien; es sollten jedenfalls welche sein. Ohne daß ich begriffen hätte, wie das kam, hat plötzlich eine Beziehung zu einer Genossin begonnen, die seit langem schon einen wichtigen Platz in mir einnahm (...) Sie und ihr Freund sind für mich seit jeher eine klare, unantastbare, unangetastete, sehr schöne Realität gewesen. Nun ist dies also passiert, und sofort ist ein Unwetter über allem aufgezogen: unvergeßliche Augenblicke und finstere Blicke haben sich ständig abgewechselt. Ich bin mit ihr zusammen, er kommt eine ganze Nacht nicht nach Hause; ich rede mit ihr: wir versuchen einander zu erklären, was gerade vorgeht. Er kommt zurück – aber nennen wir die Personen beim Namen – Massimo kommt zurück: wir stehen uns gegenüber, mitten unter den anderen: das kommt uns sehr schön vor, wir glauben zu verstehen, daß das, was passiert ist, uns noch mehr verbindet; uns alle drei noch mehr verbindet: ich spüre oder meine zu spüren, wie die Tiefe meines Gefühls sich zu nie erreichten Dimensionen steigert (ich hoffe, du erinnerst dich noch an einen meiner Anläufe zu einem Gespräch, damals in Rom, über meine Angst, daß ich meine Gefühle nicht bis zum letzten auszudrücken vermöchte.) Es gelingt uns aber nicht, den Kern des Problems in den Griff zu kriegen. Nur jeweils zu zweien: ich mit Elisabetta, Elisabetta mit Massimo, ich und Massimo; wir wissen nicht, wo wir mit unserem Wunsch hin sollen, bei einer neuen Beziehung nichts von der vorhergehenden zu zerstören. Ich könnte es mir als möglich vorstellen, so weiterzumachen, aber auf der anderen Seite sehe ich nicht, wie ich die geistige und gefühlsmäßige Situation wieder ins Lot bringe. Uns allen geht es dreckig, weil eben keiner dem anderen wehtun möchte. Drei Tage, drei Nächte, die über die Grenzen möglicher Lösungen und der Realität hinausgehen. Beim Reden mit den anderen fließen allgemeinere Überlegungen ein, die den Hintergrund dieser Situation aus Hölle und Himmel bilden. In solchen Augenblicken werden die Eingeständnisse über die Wirklichkeit der Genossen und Genossinnen herber: die Bedeutung der ‹Niederlage›, nicht zu wissen, wo es weitergeht, wie man das macht und von wo an man wieder neu beginnen soll. Wir sind schon am Ende dieser ‹Ferien›, und alles scheint noch düsterer zu werden. Wir können gar nicht mehr reden: ich denke schon daran, mich zu verziehen, und leide wie ein Hund. Ich sage es Elisabetta, und sie sagt weinend zu mir, daß wir das zu zweit entscheiden müssen. Ich sage es Massimo: mitten zwischen den Feldern und im Regen versuchen wir, auf bessere Gedanken zu kommen; Schweigen, Schweigen, Schweigen; bis er mir schließlich sagt, daß der Verzicht auf Elisabetta für ihn das Scheitern auf der ganzen Linie bedeutet und daß es ihm dann auch nichts mehr ausmacht, wenn er in allem den Kürzeren zieht; da würde auch die Politik nichts mehr helfen. Von da an kriegen wir wirklich kein Gespräch mehr zustande. Ein paar verzweifelte Küsse und Umarmungen (. . .) Ich denke an mich ganz offen gegen mich selber. Ich hätte theoretisieren wollen, von Zweierbeziehung oder Nicht-Zweierbeziehung und von Liebe sprechen . . . aber das ist so schwierig. Ich danke dir fürs Zuhören (. . .) Ciao. Sei fest umarmt. Aldo.»

Mein alter, sanfter und guter Genosse, der du jetzt auf den Füßen wippst, ich fühle dich mir wieder so nahe, wie wir es tausend Male in der Kaserne waren, wenn wir von uns sprachen, wenige Minuten bevor oder nachdem wir diese irrsinnigen Sprüche an die Wände in der Kaserne pinselten, die tags darauf die Wut der faschistischen Offiziere entfachten; oder bei dieser ‹Schweigeminute› in der Kantine, die eine Ewigkeit dauerte; oder bei diesem Marsch mit den Taschentüchern, die uns fast erstickten.

Ich spüre deine Nähe um so mehr, weil du weißt,

daß ich dir keine beruhigenden und klaren Antworten geben kann. Diese Zeiten sind vorbei ... Ich hasse Rom und die Leute hier, die sich an mich wenden, als sei ich einer, der «auf alles eine Antwort weiß». Ich weiß keine mehr, schon seit Jahren.

Wie hieß es doch auf diesem Feministinnen-Spruchband? «Mann, du hast vielleicht die Macht, doch bist du um den Schlaf gebracht.» Oder so ähnlich. Es ist tragisch, aber wahr: weil mir alle Augenblicke deutlich wird, daß ich mehr Macht habe als Angela oder Alessandra oder Nanda oder jede andere Frau. Ich, der ich überhaupt keine Macht habe und nie welche gehabt habe, nicht mal die, zu wissen, was ich tun, wohin ich mich wenden sollte. Ich fühle statt dessen, wie ich immer weniger lebe und siege. Die Greifbarkeit der Macht, der Gewalttätigkeit dieses Lebens, die mich bedrückte, als ich ein kleiner Junge war und anfing, diese Stadt zu hassen, und sie zerstören wollte, erfaßt mich so viele Jahre später wieder mit der gleichen ohnmächtigen Kraft.

Ich versuche, ihr zu entkommen, mache weiter meine Witze über sie. Aber wenn nun selbst jeder Brief, der kommt, nichts anderes enthält, als solche Gefühle wie die von Aldo, kann man nicht mehr leicht ausweichen.

Angesichts dieses Bedürfnisses nach ‹Totalität› und danach, zu verstehen, was mich gegenwärtig überkommt, scheint die einzige Fluchtmöglichkeit die Zukunft zu sein. Und ich haue feige ab. Aber auch die Science-fiction-Utopie, verläßlicher Garten Eden früherer Zeiten, wendet sich diesmal gegen mich.

Ich habe eine (traurige und erstaunliche) Erzählung gelesen: sie handelt von einem Hellseher; er gibt sich nicht als solcher zu erkennen, aus der begreiflichen Angst, als ‹anders› angesehen und nicht akzeptiert zu werden. Alles würden die Leute vertragen, nur nicht jemanden, der imstande ist, das Elend und die Gedanken zu erkennen, die die Leute in sich herumtragen (oje! das ist ja gar nicht Science-fiction!). Der Hellseher ist einsam und traurig; weil er wußte, es gibt niemanden außer ihm, der so ‹total› wäre, daß er alles sofort mit dem bloßen Gedanken erkennen könnte. Eines Tages empfängt er aus einem Zug einen raschen ‹Gedanken›, der ihn ganz verstört macht; und augenblicklich weiß er auch schon, – noch ehe der Zug vorbei ist – daß darin eine Frau sitzt, hellseherisch wie er. Er hat nicht Zeit gehabt, ihren Namen zu empfangen, noch zu erfahren, wer sie ist. Am Ende einer verzweifelten Jagd findet er sie. Aber im selben Augenblick, in dem sie sich gegenübertreten und ihre Gedanken – endlich – sich durchdringen, lautet der Gedanke: «Ich hasse dich.»

Wenn das Science-fiction ist, na, dann bin ich Charlie Parker und spiele gerade ‹Lover Man›.

Aber es ist keine.

Guido.

Der Politiker

Liebe Irene,
zu schreiben, was ich gerade schreibe, ist ein über die Maßen schwieriges Unterfangen. Und zwar aus vielerlei Gründen: vor allem gibt es da etwas, was man früher einmal *Scham* nannte, heutzutage jedoch nicht mit diesem und auch mit keinem anderen Namen mehr benennt und daher – gelangt man im Gespräch zu diesem Punkt – wie eine Lücke empfinden wird: man hält unsicher inne, man «gerät ins Schwimmen» – wie es ein Journalist von ‹Manifesto› wohl ausdrücken würde – und wechselt dann das Thema. Indessen ist es wirklich *Scham.* Und der Gedanke drängt sich auf: das Persönliche ist politisch, aber nur bis zu einem gewissen Punkt; das Private kann öffentlich werden, aber nur innerhalb bestimmter Grenzen. Und wer wollte das schon leugnen?

Entweder entschließen sich alle – und alle gemeinsam – dazu, von heute (oder vom nächsten Monat oder vom nächsten Jahr) an die Wäsche nicht mehr zu Hause, sondern im Freien und gemeinschaftlich zu waschen, oder derjenige, der sich als erster dazu entschließt, fühlt sich unweigerlich betrogen. Auch weil die öffentliche Waschküche ein Rückschritt wie ein Fortschritt sein kann; die gemeinschaftlichen Wohnblockwaschhäuser sind zwar eines der Ziele, die sich die Frauenbewegung in ihrem ‹ökonomischen› Kampf hier und heute im Bereich des Notwendigen gesteckt hat, sie sind aber auch ein Zeichen der Unterdrückung der Frau und des Zwanges gewesen, dem sie der Mangel an fließendem Wasser unterzog. Weshalb das Waschen der Wäsche in der Öffentlichkeit auch einfach eine Äußerung von Vorurteilslosigkeit sein könnte – wie Maria Schneider, wenn sie über ihre hetero- und homosexuellen Beziehungen spricht – und nichts weiter. Nun bin ich zunächst nicht wie Maria Schneider, und auch nicht vorurteilslos, und deshalb empfinde ich Scham, wenn ich von der ‹Verfinsterung› meiner Rolle als Mann sprechen muß. Daher die Verlegenheit.

Hinzu kommt das Problem der Ehrlichkeit.

Die Frage der Ehrlichkeit gehört zu den umstrittensten Fragen – sagt man.

Es gibt das Bewußte, das Vorbewußte und das Unbewußte. Daran gibt's nichts zu rütteln. Aber dann? Auf jeder neuen Ebene der Selbsterkenntnis – meine ich erkannt zu haben – erstehen Lüge und Wahrheit, Zweideutigkeit und Klarheit immer wieder neu; aber die stärkste Verlockung ist immer die zur Lüge und Täuschung; noch die letzte Zuckung geschieht im Dienste der Verstellung. Das Problem besteht also darin – noch bevor man sich fragt, ob Ehrlichkeit richtig oder falsch ist – zu wissen, ob

Ehrlichkeit möglich ist oder nicht. Nun gut, meine Antwort – und das weißt du genau – lautet nein.

Ehrlichkeit ist nicht möglich. Ehrlichkeit setzt nämlich die Zerstörung der Macht voraus, die Zerschlagung des Privatinteresses, die Vernichtung der Herrschaft. Und das setzt seinerseits wieder das Ende der Ungleichheit voraus. Nur die Nichtexistenz von Macht und die Umwandlung der Ungleichheit in *Verschiedenheit* können uns wirklich gestatten, uns waffenlos und unverstellt einander gegenseitig in die Hand zu geben. Sonst – das ist klar – wird die Ehrlichkeit des einen beim anderen Lüge (Aneignung von mehr Macht) sein. Ehrlichkeit wird für den einen Schwäche, für den anderen Stärke bedeuten. Das Aufeinandertreffen von Ehrlichkeit ist unwahrscheinlich, weil es gleichmäßige und gleichzeitige Schwäche voraussetzt, einen gleichzeitigen Drang, auf die Lüge zu verzichten; denn das sich offenbarende Bedürfnis, zu kommunizieren und ‹kommuniziert zu werden› muß – um vom anderen voll und ganz aufgenommen zu werden – Entäußerung, Notwendigkeit, Armut ausdrücken. Aber damit sich dieses Bedürfnis in seiner Totalität und Radikalität als gleichzeitiges Bedürfnis zweier Personen bemerkbar machen kann, reichen die periodischen Krisen einer Zweierbeziehung oder ihrer Komponenten nicht aus, genügen auch nicht die Ängste eines jeden einzelnen, seien sie nun existentiell, beruflich, politisch oder moralisch. Um zwei (oder mehrere) Menschen zur absoluten oder totalen Ehrlichkeit zu treiben, sind wirklich heftige Ereignisse und grobe Tragödien nötig – ich denke an Tod oder Erdbeben, es fällt mir sonst nichts Gleichwertiges ein – die dich sämtlicher materieller und geistiger Abwehrmöglichkeiten berauben, dir Macht und Privilegien, Rollen und Vermögen nehmen und dich in eine Lage bringen, in der dir nichts mehr genommen werden kann, weil du nichts mehr hast.

Nun ist in einer Zweierbeziehung die Frage der Stärke der Ehrlichkeit wirklich weniger wichtig als die Frage ihrer Gleichzeitigkeit. Diese Gleichzeitigkeit ist fast unerreichbar und es wäre vermessen, sie als Endziel zu verfolgen. Ein Ziel jedoch ist die Zerstörung der Macht. Auch dies ist sehr schwer zu erreichen.

An solchem Punkt könnte ein Gedanke der Selbsterhaltung dazu führen, der anscheinenden Höchstforderung der Strategie (die Macht zerstören) eine scheinbar wirklichkeitsorientierte Taktik entgegenzusetzen (solange wir warten müssen, lassen wir die Dinge, wie sie sind). Aber es gibt auch einen anderen Weg: den des ‹revolutionären Kampfes› gegen die Macht – eines Kampfes um Liebe und Ehrlichkeit: eines Kampfes, der aus Kompromissen, Übereinkünften, Vergleichen besteht. Die Steigerung der Liebe in der Zweierbeziehung ist – glaube ich – eine Annäherung an die Zerstörung der Macht und an die Eroberung der Ehrlichkeit. Von da aus gesehen liebe ich dich immer mehr, bin ich immer ehrlicher dir gegenüber, trage ich dazu bei, größere Gleichheit zwischen uns zu schaffen. Aber – ich habe es schon gesagt – es gibt da auch das Problem, das mit der Richtigkeit oder Nichtrichtigkeit der Ehrlichkeit zusammenhängt. Es ist wirklich einfacher, auf diese Frage zu antworten als auf die vorhergehende. Von *richtig* oder *falsch* im Zusammenhang mit der Ehrlichkeit pflegt man gewöhnlich dann zu sprechen, wenn es darum geht, das Schweigen über die eigenen Treuebrüche zu rechtfertigen oder nicht. Es leuchtet ein, daß in einem solchen Fall die Antwort klar und einfach und der mittlerweile zur Lösung solcher Probleme allgemein üblich gewordene gesunde Menschenverstand vollkommen gerechtfertigt ist: ob darüber geredet wird oder nicht, kann nicht von vornherein und ein für allemal aufgrund eines abstrakten Prinzips und einer verschwommenen Vorstellung von Ehrlichkeit festgelegt werden; auch in diesem Falle könnte nämlich die ‹Ehrlichkeit› ein Machtinstrument sein und folglich eine *Lüge*; und, anders herum, Verschwiegenheit Anlaß zur Liebe. Weshalb es absolut richtig ist, daß bei Gelegenheiten dieser Art die empirische Erfahrung die vernünftigste und angemessenste Entscheidung bietet und daß die Kriterien *Ehrlichkeit* und *Lüge* auf Grund von Rücksichten wiederum gegenüber der Liebe angelegt werden.

Das Problem aber ist, aus der Empirie keine Strategie zu machen und aus der Zufälligkeit und

Zweckmäßigkeit keine Moral als Richtmaß des Neuen und Zukünftigen zu ziehen. Ein solches *Richtmaß* (das aufgrund von Entscheidungen, die wir aus einer Vielzahl von Gründen heute treffen können, ganz anders ist) wird bereits in unserer Zeitung und auf das Erringen unserer gleichzeitigen Ehrlichkeit hin aufgestellt.

Dieses Richtmaß aber schon heute zum Allgemeingut zu erheben, ist mir beinahe biologisch unmöglich. Hypothese: ich schreibe dies hier absolut ehrlich nieder. Aber unter den Lesern wird keiner je genauso absolut chrlich mit mir sprechen. Warum also das Risiko eingehen? Und andererseits ist auch der Gebrauch der Anonymität kein so ausreichender Schutz, daß man, wenn die biographischen Angaben verschlissen sind, in allem übrigen wirklich ehrlich sein könnte. Vor allem ist es jederzeit möglich, die richtigen Angaben unter der Maskerade der falschen aufzudecken. Für mich aber ist das Problem der Ehrlichkeit vor allem dies: es ist mir nahezu unmöglich zu sagen, *wie ich bin*, denn *ich weiß nicht, wie ich wirklich bin*, und um es herauszufinden, müßte ich, wie gesagt, im Bewußtsein, im Unbewußten und Vorbewußten danach graben; aber um graben zu können, muß man wenigstens wissen, was man sucht, und in der Lage sein, zu unterscheiden, ob das, was man findet, Realität oder neue Täuschung ist, Wahrheit oder Schein.

Eines habe ich in diesen letzten Monaten gelernt – und das durch dich, Irene – nämlich, daß wir

Männer (ich Mann, zum Beispiel) dahin kommen können, jegliche Beziehung zu unserem Unbewußten zu verlieren. Ich habe – ich schwörs dir – diese ganze Diskussion über Rationalismus/Irrationalismus, über Bewußtsein/falsches Bewußtsein, über Intellekt/Trieb total satt, und folglich bin ich der letzte, der Lust darauf hat, mit diesen Begriffen und den tausend auf sie anspielenden Wörtern zu kokettieren; doch diese Probleme existieren. Ich war – und ich behaupte das nicht paradoxerweise – bis vor ein paar Monaten ohne Unbewußtes, oder besser: ohne jede Beziehung zu meinem Unbewußten. Im Augenblick habe ich noch keine Beziehung wieder zu ihm gewonnen, noch weniger eine *gute*, aber ich bin mir zumindest über ihren Verlust bewußt geworden.

Wie aber kann man jeglichen Bezug zum eigenen Unbewußten verlieren? Ich weiß, wenn auch nur ganz vage, wie und warum es geschehen ist. Politische, gefühlsmäßige und familiäre Gründe haben das bewirkt.

Politische Gründe. Man kann nicht militanter Berufsrevolutionär sein und gleichzeitig zulassen, daß sich das Unbewußte neben und parallel zu einer Politik entwickelt, die eine Politik des Bewußten, also ganz einfach DIE POLITIK schlechthin ist. Das Paradoxe daran ist, daß die Politik, die – insofern sie revolutionär ist – eine ‹Politik der Erfahrung› im wahrsten Sinne des Wortes sein müßte – in dem Sinn, in dem Laing in seinem gleichnamigen Buch darüber spricht – ganz im Gegenteil die totalste Negierung der Erfahrung darstellt. Nicht nur verzichtet der Knabe (der Revolutionär) – wie es bei Mallarmé heißt – auf seine Begeisterung, sondern er verzichtet auch auf die Essenz der Erfahrung selbst, das heißt auf die Beziehung zwischen dem, was geschieht und was wir erleben (Kampf, Gewalt, Übereinstimmung, Veränderung von Dingen und Menschen, Lust, Sieg, Niederlage, Hochstimmung und Niedergeschlagenheit), und unserem Gefühl.

All das, was geschieht und was wir erleben, hat gelenkt und diszipliniert, beherrscht und vermittelt zu sein, weil unsere Politik (auch unsere ‹außerparlamentarische› Politik) *innerhalb der Vermittlung* durch die Institution und die Partei liegt, weil sie eine Politik der Vernünftigkeit ist. Eben.

Trieb und Empfindungsvermögen, Zorn und Freude, Hochstimmung und Angst werden – allesamt – in einen Bereich des Gleichgewichts überführt; und ich habe das auch jahrelang getan. Das ist es gewesen, was, sei es im Hinblick auf meine persönlichen Triebe, sei es im Hinblick auf die kollektiven, diese Triebe in meiner Eigenschaft als politischer Funktionär politisieren ‹mußte›.

Gefühlsmäßige Gründe. Inzwischen bin ich dessen sicher: strategisch hat nur die Monogamie einen Sinn. Und das hat mit dem Problem des Unbewußten zu tun. Es ist bekannt, daß die Wurzeln des Unbewußten in der Sexualität liegen; dort sind seine letzten Triebfedern und tiefsten Verflechtungen zu suchen. Wie aber hätte nun eine oberflächliche Sexualität (wie die meine in der Zeit vor unserer Beziehung) mich in eine nicht oberflächliche Beziehung zu meinem Unbewußten bringen sollen, wie hätte sie mir die Ursachen meines Verhaltens weisen und die Gründe und Zusammenhänge zwischen meinem Tun und Wollen, zwischen meinen Träumen und Vorstellungen erkennen lassen können? Mir war nur möglich, zu den Wurzeln meiner Oberflächlichkeit zurückzugehen, nicht aber zu rekonstruieren, wieviel Unausgesprochenes und Ungelebtes sich dahinter verbarg.

Deshalb fühle ich mich heute so, als ob ich gar kein Unbewußtes hätte, als ob meine augenblickliche Sexualität ganz neu und ohne Geschichte und also einfach die gradlinige Weiterentwicklung (*in progress*) der von gestern wäre. Die von gestern: unbekümmert, freibeuterisch, kindlich; die augenblickliche: nachdenklich, fortschrittlich, links. Sie setzt mich wieder in eine gewisse Beziehung zu meinem Unbewußten, weil du, Irene, beharrlich in meinen Handlungen, in meinen Frustrationen und Befangenheiten gräbst und fanatisch und unerbittlich nach dem Warum fragst.

Früher dagegen war meine Sexualität vitaler Tatendrang und mit einem Leben ohne tragische

Dichte angefüllt. Viel Sex, aber als nur spielerische und wettkampfartige Betätigung.

Familiäre Gründe. Wenn einer sich in einer verzwickten Familiensituation befindet, ist es leicht, sich allen anderen in verzwickten Familiensituationen anzugleichen, ist es leicht, die ROLLE zu übernehmen und bis zum Ende durchzuspielen. Die ROLLE ist die des Familienoberhaupts. Und warum ist es der Mann, der diese Rolle übernimmt, erleidet, etwa weil er über das Gleichgewicht verfügt, das die – HYSTERISCHE – Frau/Mutter nicht aufbringen kann? Die Tauglichkeit des Familienoberhaupt-Mannes beruht ein weiteres Mal auf der Vermittlung, das heißt auf der Negierung des Instinkts und des Unbewußten, weil der KOMPROMISS (der eine Beigabe der Vermittlung ist) nur auf Durchsichtigkeit bei der Führung verschiedener und einander zuwiderlaufender Bedürfnisse basieren kann. Der KOMPROMISS ist der *Privatvertrag*, der die Familie ins Leben ruft, so wie die BÜNDNISPOLITIK die *Taktik* ist, die sie überleben läßt.

Die Irrationalität des Kindes und der Frau können nicht geopfert werden, weil sie Bestandteil ihrer innersten *Natur* und ihr hauptsächliches Hilfsmittel zur Abwehr und zum Überleben sind, insofern als beide beständig in der eigenen Irrationalität *leben* (und die Frau in der Irrationalität des Kindes).

Der Mann als Familienoberhaupt *muß* in der Rationalität leben. (Und die Frau muß, lebt sie getrennt, verwitwet oder verlassen, ihrerseits in der Rationalität leben: sie muß zum MANN WERDEN.)

So kann es in der Stille und Mittelmäßigkeit passieren, daß man den Kontakt zum eigenen Unbewußten verliert (das eigene Unbewußte verliert?), daß man keine Beziehungen mehr zu seiner Kindheit, Jugend und Vergangenheit hat. DASS MAN KEINE ERINNERUNG MEHR HAT.

Wie aber kann es nun geschehen, daß man sich dessen bewußt wird, daß ein Umschlagprojekt beginnt, daß man sich auf die Wiederaneignung seines Unbewußten hinbewegt? Das ist ein langer und mühevoller Weg. Alles hat wohl seinen Anfang genommen, als ich – vor Jahren – entdeckte, *daß ich nicht denken konnte.* Das war natürlich eine schreckliche Entdeckung. Aber mir wurden die Gründe dafür klar: eine Jugend, die im Zeichen des Aktivismus und der politischen Führerschaft stand und ganz auf der Übernahme von Verantwortung und der Ausübung von BEFEHLSGEWALT beruhte (einer natürlich sehr relativen Befehlsgewalt; aber nicht ihre reale Dimension ist ausschlaggebend), ließ die geistigen Aktivitäten hektisch werden, erzwang ihre unmittelbare Umsetzung in Aktionen, Initiativen, Taten, Praxis. Daher die zunehmende Einengung des Überlegungsspielraumes, die Gleichsetzung von Gedanke und Initiative, die

Ersetzung der Idee durch das Wort.

Das war ein Prozeß, den der politische Kampf, die Professionalisierung (›full time‹) der Parteiarbeit beschleunigten und unumkehrbar machten; sie führten zum Paroxysmus. Und nichts enthielt – in diesem Prozeß – den positiven Wert der «Verschmelzung von Theorie und Praxis», der Annäherung von Denken und Handeln; nicht einmal eine Anspielung darauf. Es trat vielmehr eine Verschärfung des entgegengesetzten Prozesses ein: der Gedanke büßte Zeit und Richtung und die dialektische Stärkung der formalen Logik ein und wurde verkürzt und unvollständig; das Handeln wurde zum Denkersatz und vom Gedanken übernahm es die Schwäche, das heißt, eine Unentschlossenheit, ein Zögern, sein Fortschreiten über sukzessive Annäherungen, über Anfechtungen und Überprüfungen. Die Beteiligung *an* der politischen Arbeit und die Leistung *der* politischen Arbeit unterstrichen, wie gesagt, diese Tendenzen, bis sie schließlich zur Behinderung meiner Teilnahme an (und der Leitung) der politischen Bewegung wurden. Von daher die Entdeckung, *nicht denken zu können*, an die Stelle autonomen, unabhängigen, *eigenen* Denkens etwas gesetzt zu haben, was, je nachdem, einmal eine Aussprache, ein andermal Lektüre oder Handeln war. Alles Ersatz- und Fehlhandlungen, keine *autonomen*. Ich versuchte also, die Tendenz, unter der ich sehr litt, umzukehren, indem ich in Gedanken meine Handlungen zurückverfolgte, indem ich über das BEREITS GETANE NACHDACHTE, und zwar in einer Art RÜCKWÄRTSDENKEN, das jedoch nur kurze Zeit funktionierte, weil es sich dann als schreiend NUTZLOS und UNPRODUKTIV erwies. Glatte Zeitverschwendung.

Aber diese erste Krise der ‹aktivistischen Geschlossenheit› reichte nicht aus, eine Tendenzwende herbeizuführen. Was also hat sie vor erst ganz kurzer Zeit ausgelöst? Hier sind wir beide, Irene, nicht einer Meinung. Ich sage (entgegen jeder vernünftigen und ‹neuen› Auslegungsmythologie), daß das, was mich zu einer *Veränderung* gedrängt hat, noch keine *Verwandlung* ist: darüber gibt es keine Zweifel – es war keine soziale Ursache, noch eine persönliche Krise, sondern (ich weiß, es mag abwegig erscheinen) ein *ideologischer Reifeprozeß*.

Dies, was vielleicht das Lehrgeld ist, das ich bezahlen mußte, ist aber auch die Grenze zu dem, was mir in den letzten Monaten an Positivem widerfährt.

Wenn ich mir heute die Probleme des Unbewußten, meiner Irrationalität, meines Instinkts vornehme und sie auf eine Art, über die ich später sprechen werde, mit der Frage meiner Rolle als Mann, ihrer Überwindung und ihrer Veraltetheit/Zerstörung in Zusammenhang bringe; wenn ich mich frage, ob ich nicht vielleicht eine männliche Selbstergründung (das versuch ich sogar) oder eine Behandlung bei einem Psychoanalytiker der Jung-Schule machen sollte; wenn mir, wenn ich mit dir schlafe, der Gedanke an DEINEN Orgasmus wichtiger als alles andere ist; wenn ich Lust bekomme, mich zu betrinken, was zu rauchen oder Drogen einzunehmen: all das – es wird dir verrückt vorkommen – ist nicht das Resultat einer ‹Krise›, sondern rührt daher, daß ich meine Ideologie umgewandelt, meine Auffassungen geändert, mit nüchternem Blick betrachtet habe, was da vor sich ging und wer der Hauptakteur darin war.

Du sagst zu mir: da siehst du, wie ihr Männer seid, schon wieder bist du dabei, deine Angst zu verfälschen und zu reprivatisieren, indem du sie unter einem Schwall von Wörtern und Öffentlichkeit erstickst; sprich doch lieber von dir und nur von dir und mach nicht schon wieder eine Theorie daraus!

Und doch, glaube ich, bist in diesem Fall du es, die nicht recht hat. Das Lehrgeld, das ein politischer/öffentlicher/vernunftbegabter Mann zahlen muß, ist genau dies: daß seine Krise – wenn sie eintritt – sich müht, die Grenzen und politisch/öffentlich/rationalen Gesichtskreise zu durchbrechen und niederzureißen, und doch innerhalb ihrer an Zeiten, Inhalten, Vokabulare gebunden bleibt. Seine Schwäche liegt offensichtlich darin, daß die politisch/rationale Stärke und die Stärke der Verdrängung so groß sind, daß allein eine zerstörerische und demoralisierende, vernichtende und qualvolle *persönliche* Krise in der Lage sein könnte, ihn auf einen Punkt hinzudrängen, von dem aus keine Umkehr möglich ist (ich wiederhole: der nahe Tod, eine persönliche Niederlage, ein Erdbeben). Was nun klar zu sein scheint, ist, daß das nicht die Liebe – auch nicht die glühendste und größte – und nicht politische Krisen – auch nicht die kompliziertesten – vermögen. Heute befinde ich mich beinahe in einem Zustand, in dem die Liebe (zu dir, Irene) und meine politische Krise (die einer politischen Linie, meiner Rolle als eines politischen Führers) sich miteinander verflechten, um einen Prozeß auszulösen, der Fortschritt und Wandlung bedeuten kann. Dem aber liegt – ich wiederhole es – in erster Linie eine schrittweise Veränderung meiner politischen Einstellung zugrunde, die auf die Veränderung meiner Weltanschauung hinauslief. Weshalb die Öffnung gegenüber der Veränderung sich (eher unmerklich) zur Veränderung meiner selbst wandelte; die Aufmerksamkeit gegenüber dem Feminismus veränderte meine Beziehung zu den Frauen; von da aus änderte sich ganz folgerichtig meine Beziehung zu mir selbst, den anderen Männern, den Alten und Kindern.

Marco Lombardo-Radice hat dies hier gelesen und gesagt: schön und gut, aber was hat das alles mit dem Ende der Rolle des Mannes zu tun?

Es hat damit zu tun, und ob! Das einzige, was ich wirklich klar erkannt habe, ist, daß dieser ganze

Prozeß damit verknüpft ist (es bedingt und davon bedingt wird), was ich für meine ‹theoretische Haupterrungenschaft› in dieser Frage halte: das Ende der Rolle des Mannes als Wiederaneignung des eigenen Unbewußten und der eigenen Schwäche, d. h. dessen, was nicht MÄNNLICH ist in uns: dessen, was Instinkt, Irrationalität, Gefühl, Empfindungsvermögen ist. Wiederaneignung unserer Ganzheit (der *Frau*, die in uns steckt?). Nun liegt auf der Hand, daß sich hier schon wieder ein Ausweg andeutet, daß das schon wieder Gelegenheit zu neuer Täuschung gibt. Es ist offensichtlich, daß zum Beispiel heute die Wiedererlangung einer neuen Vorherrschaft innerhalb dieses veränderten Beziehungsgeflechtes zwischen Männern und Frauen nur über den politischen Gebrauch – von seiten der Männer – der eigenen wiederentdeckten *Schwäche*, sicherlich nicht der eigenen aufgezehrten *Kraft* geschehen kann. Es ist also möglich, daß der ‹emanzipierte Mann› seine Zärtlichkeit abermals in Aggressivität, seinen Verzicht in Herrschaft, seine Schwäche in Stärke verkehrt. Wiederum zum Nachteil der Frauen. Aber das ist ein Risiko, das in Kauf genommen werden muß.

Mir ist das in der Vergangenheit schon passiert. Als mein Sexualleben noch vielseitig und vergnüglich war, episodenhaft und zufällig, ruhelos und exzentrisch, lag wirklich nichts Mechanisches, Zynisches und Kaltes in meiner Suche nach Sex und Geschlechtsverkehr. Im Gegenteil, in jeder meiner sexuellen Handlungen und in jedem Liebesakt war die Suche nach Zuneigung und der Mitteilung von Zuneigung vorhanden; ich teilte von meiner Seite aus auch Zärtlichkeit und Schwäche mit, aber dies waren letzte Mittel der Verführung und Eroberung; also Machtmittel in bezug auf ein Ziel (einen Körper, ein Verhältnis, Zärtlichkeit), das, um erreicht zu werden, die Überwindung des Widerstands und der Widerspenstigkeit des anderen erforderte. Bei einer solchen mannigfaltigen und oberflächlichen Sexualpraktik mußte das Mittel zur Eroberung ‹schnell› wirken; das Verlangen nach Zärtlichkeit konnte so beschaffen sein, daß es – indem es den Werbenden so ungezwungen wie möglich, jedenfalls nach außen, und also weniger ‹aggressiv›, ‹schroff› und ‹unnachgiebig› erscheinen ließ – darauf aus war, auch die ‹Widerstände› der Frau zu verringern. Ganz offenbar lagen in diesem Verlangen nach Zärtlichkeit eine Notwendigkeit und ein reales, geradezu dramatisches Bedürfnis; was aber an dieser Stelle interessiert, ist, wie dieses Bedürfnis zur Eroberungswaffe werden konnte. Du bist es gewesen, Irene, die mir gesagt hat, daß unter bestimmten Umständen die Liebkosung, die Geste, das Wort eines Mannes ausreicht, daß die Frau sich festgenagelt und zu eigenen Liebkosungen, Gesten und Worten gezwungen fühlt; und wie leicht es in Wirklichkeit für einen Mann sei, eine Frau ins Bett zu kriegen, wenn bestimmte Voraussetzungen für Zärtlichkeit und Zuneigung vorhanden sind oder geschaffen werden. Danach, am nächsten Tag oder in der nächsten Stunde, wenn sie sich von der sie fesselnden und umstrickenden Macht der Zärtlichkeit befreit hat, fühlt sich die Frau vergewaltigt; daher die Ablehnung des Geschehenen. Eine solche Situation habe ich oft erlebt; die Kälte der Frau post coitum erschien mir damals als Zynismus, Zweckdenken und Vermännlichung; ich fühlte mich frustriert durch eine Kälte, die ich als Gefühllosigkeit (als mechanische Auffassung der Sexualität) oder als Oberflächlichkeit empfand. Es war jedoch etwas anderes; es war das Unvermögen der Frau, bei allen Gelegenheiten gleichermaßen Gefühl zu produzieren, bei jedem Koitus Zärtlichkeit zu schenken, die eigene Gefühlswärme pünktlich zusammen mit dem eigenen Orgasmus (wenn er überhaupt stattfand) auszuströmen; da ihre Neigung auf eine Beziehung gerichtet war, die nicht nur erdacht und zufällig war, war es logisch, daß sich auf die Erwartung ihr gesamtes Gefühlsvermögen projizierte und daß für den Koitus nur winzige Teile der eigenen Sexualität übrigblieben; da in mir jedoch die gesamte Gefühlsspannung auf die augenblickliche Lust ausgerichtet war, war es leicht möglich, daß sich mein Gefühl in einer Vielzahl von Verbindungen und Beziehungen ausdrückte. Die Frauen, bei denen ich diese Erfahrungen machte, hatten deutlich eine konservative und ‹heilige› Auffassung von der Liebe, der die eigenen Kräfte und gewissermaßen die

Reinheit der Gefühle zu weihen waren. Ich hingegen bediente mich dieser Gefühle wie ein Herrschender, gebrauchte umsichtig und kalkuliert die Schwächen.

Dies könnte heute erneut – nicht mehr als individueller Lösungsversuch – in einem kulturellen und gesellschaftlichen Klima aktuell werden, das den virtuellen und verbalen Triumph der Irrationalität und, mehr im allgemeinen, der weiblichen und feministischen Werte erlebt hat, und in dem die Schwäche eine kulturelle und politische Würde besitzt wie nie zuvor; oder es könnte zumindest in Kreisen dazu kommen, in denen man sich über die Überwindung der eigenen Rolle als *Rolle des Mannes* die Köpfe heiß redet. Dieser Schwierigkeit entgeht man jedenfalls nicht. Das eigene Unbewußte und die in ihm enthaltene Angst wiederzufinden, ist der einzige Weg, auch wenn er den Nährboden für neue Täuschungen abgeben könnte. Um es im politischen Jargon zu sagen: heutzutage liegt der Widerspruch auf einer viel fortschrittlicheren Ebene, und man kann sich ihm nicht dadurch entziehen, daß man ihn als raffinierter und tückischer beurteilt. Man wird möglicherweise scheitern, aber sicher ist, daß man von hier – von der Wiederentdeckung der Dimension ANGST – ausgehen muß. Vor dieser Dimension gibt es in der Tat nur den halbierten und verstümmelten Mann.

Aber diese Dimension der ANGST, Irene, ist nicht leicht zu erringen. Ich habe sie erst durch dich kennengelernt, und das ist ein ungewöhnliches und schreckliches Kennenlernen gewesen. Stunden um Stunden mit DENKEN zubringen; auf die ALPTRÄUME warten; die TRÄUME behalten; die ÄNGSTE berücksichtigen; die VERGANGENHEIT erinnern; GEGENWART und ZUKUNFT fürchten; das GEDÄCHTNIS üben. Ich bin einer, der Briefe, die er bekommt, nicht aufhebt, sondern sie wenige Stunden nach Empfang wegwirft. Du hingegen hebst Briefe, Gesprochenes, Gehörtes auf, du forschst in meiner Vergangenheit nach, gräbst darin herum, wühlst in ihrem Innersten. Du tust das manchmal auf unerträgliche Weise, weil meine Nichtgewöhnung deine Beharrlichkeit in Besessenheit und meine Widerspenstigkeit in Flucht verwandelt. Und so hast du, indem du mich zwingst, mit DEINEM Unbewußten in Beziehung zu treten, mich die Möglichkeit erahnen lassen, eine Beziehung zu MEINEM Unbewußten herzustellen. Deine Kindheit in Beziehung zu deiner sozialen Stellung, deine Ehe in Beziehung zu deiner Neurose und der deines Mannes; und schließlich die berufliche Rolle und die politische, Krankheit, nervöse Erschöpfung, Trunksucht, Sex.

Die MUTTERSCHAFT. Wenn die Katholiken vom ‹Mysterium der Mutterschaft› sprechen, drükken sie in der Sprache der populär-esoterischen Kultur genau diese Beziehung zum Unbewußten aus, auf die die Tatsache verweist, daß eine Frau Mutter werden kann. Beinahe exemplarisch, einem vielleicht sogar zu starren Muster folgend (zu starr, wenn man meine Bildung, meinen Opportunismus, meine Gerissenheit in Betracht zieht) waren, als du schwanger wurdest, meine Verhaltensweisen die TRADITIONELLEN des MANNES; deine waren die TRADITIONELLEN der FRAU. In meiner Vorstellung lebt jedoch allein eine Bildung männlichkeitsbetonter-bürgerlicher Art; in deiner Vorstellung sind vielleicht die Zeichen einer glaubwürdig und umfassend menschlichen Bildung, einer Bildung des *Menschengeschlechts* zu finden. Deshalb habe ich an die Abtreibung und du an die Schwangerschaft gedacht. Du hast an die Schwangerschaft und die Abtreibung, an die Geburt und das Heranwachsen und die Abtreibung gedacht. Du hattest alle Argumente auf deiner Seite. Es war klar und richtig, daß du abtreiben würdest, es war nicht *natürlich* (es ist eigenartig, wie der Begriff ‹Abortus› seine ursprüngliche Bedeutung [Fehlgeburt] verloren hat und immer mehr dazu neigt, eine Naturvorstellung auszudrücken, die immer weniger *natürlich* ist).

Du hast diesen Konflikt zwischen Natur und Gesellschaft, zwischen Freiheit und Notwendigkeit bis zum Grund, mit auch körperlichen Verwundungen – bis hin zur Verwundung des chirurgischen Eingriffs – ausgetragen; du hast ihn in tiefen Schmerz und eine Lust auf alles Männliche, in Haß und Feindseligkeit verwandelt; du hast etwas daraus gemacht, was dich weiter begleitet und wahrscheinlich begleiten wird, bis du einst einen Sohn (oder besser eine Tochter) zur Welt bringen wirst. Bei jener Gelegenheit trat aus der unendlichen Dunkelheit deiner Psyche alles hervor und wurde für mich zu einer unglaublichen Entdekkung. Schrecken und Staunen. Nicht ‹Schreck›, sondern Schrecken. Wirklich große Angst bewirkte diese Berührung mit der Flut des Nicht-Gesagten, Nicht-Gedachten, Nicht-Gelebten, mit allem, was die mögliche Mutterschaft in dir ins Rollen brachte und was sich unausweichlich gegen mich wendete; und das war keine dankbare und ‹politische› Dialektik der Geschlechter, es war jener HASS, den man auch in einer Liebesbeziehung erfahren kann.

Ich begriff herzlich wenig von dem, was vorging. Aber auf den Schrecken sind dann Staunen und Neid gefolgt. Ohne Gehässigkeit und väterliche Moral: ich neidete und neide dir nicht die Mutterschaft (wie es heute verwöhnte Jüngelchen tun, die in regelmäßigen Abständen das Bedürfnis haben, ‹bezaubert› zu sein); ich beneide dich um diese Möglichkeit (die ich früher, wie ich schrieb, nur dem Tod oder dem Erdbeben zugestand), aus seinem eigenen verschlossenen und in sich zurückgezogenen Körper, aus seinem gelähmten Geist, aus seinem undurchlässigen Gehirn all das nach außen zu stülpen, was verschwiegen, abgetötet, verstümmelt worden ist.

Du siehst, wie ich bin, Irene: ich rede von dir und

schon fällt es mir leicht, auch von DEINEM Inneren zu reden. Von DEINEM. Die Gründe dafür sind klar und bekannt; ich habe sie schon ausgesprochen und du auch. Es ist nicht etwa so, daß ich nicht versucht hätte (und diese Seiten hier sind ein Beweis dafür) auch von MEINEM Inneren zu sprechen; aber die Ergebnisse sind äußerst mager. Wichtig ist jedenfalls, daß man nicht blufft. Wichtig ist, ehrlich zu sein und ohne irgendwelche Heuchelei zu erklären, daß aus MIR nicht viel mehr HERAUSKOMMEN kann, als was hier auf diesen Seiten soeben herauskommt.

Brief Irenes an Andrea, nachdem sie die bisher von Andrea niedergeschriebenen Seiten gelesen hatte:

Lieber Andrea,
was soll ich zu dem sagen, was du da schreibst? Mir fällt sogleich auf, wie das alles so offenbar von einem Mann stammt: mit seinem unsympathisch gedankenschweren Tonfall eines gebildeten Mannes, der sein Bücherwissen in Lehrsatzpillen verpackt, die er aus seinem persönlichen Leben gedreht hat, um zu beweisen, daß das, was er schreibt, ‹wahr› ist.

Aber das weißt auch du und sagst es; und außerdem bin ich an einem Punkt angelangt, wo ich glaube, deinen Fehlern, den dummen Fehlern des Mannseins, nichts Sicheres mehr (mein Frausein zum Beispiel) entgegensetzen zu können. Und weil ich nicht weiß, was ich dagegensetzen soll, kommt mir auch der Versuch, dich unaufhörlich zu demaskieren, wie ein unnützes Ritual vor, das ich und du, wir und ihr, ich und andere, ihr mit vielen von uns und so weiter, schon so oft durchgeführt haben, daß ich keine Lust mehr dazu verspüre. Ich habe die Frauenversammlungen satt, wo dann aufgestanden und beschlossen wird, ‹Erklärungen abzugeben›, um den Männern darzulegen, warum das, was sie sagen, tun und denken, ‹männlich› ist. Ich hab das satt, nicht weil ich den Feminismus satt habe; ich habe es satt, daß der Umstand, daß wir Feministinnen sind, uns fortwährend eine ‹negative› Rolle aufzwängt, in der wir über Dinge die Augen öffnen, die meistens weiterhin von *Männern* gemacht, von *Männern* gesagt oder gedacht werden. Eine Genossin aus Mailand sagte, als sie aus der Partei austrat: «Ich bin es leid, ständig den Männern wiederholen zu müssen, was der Feminismus ist; ich bin es leid, vom Frausein zu sprechen; ich will mir endlich die Zeit nehmen, zu begreifen, wie eine Frau leben kann.» Vielleicht hat sie nicht sagen wollen, was ich jetzt sage, aber ich habe das als mein eigenstes akutes Problem begriffen, und deshalb will ich auch langsam zu Lösungen kommen.

So fühle ich mich nicht mehr in der Lage, dir weiterhin deine Irrtümer und Grenzen in deiner Eigenschaft als Mann aufzuzählen, sondern hätte es viel lieber, daß du schon so weit wärst, daß man anfangen könnte davon zu reden, wie man sich gemeinsam weiterentwickeln könnte. Gefährliche Sätze sind das, Sätze, die auf gefährliche Weise unsere Illusion von vor ein paar Jahren wiedergeben, als wir, noch vor dem Feminismus, dem Trugschluß erlagen, daß, um ‹revolutionär› zu sein, es ausreiche, eine andere Art Zweierbeziehung zu gründen; Sätze, die gefährliche Sehnsüchte nach Restauration verdecken können. Wenn wir uns andererseits jedoch nicht wenigstens die Frage nach der Möglichkeit vorlegen, eine Phase zu beginnen, in der das Los des Mannseins oder des Frauseins nicht unabwendbar zu sein braucht, dann, glaube ich, hätte auch meine Gewalt gegen dich keinen Sinn; genauso wie die Anstrengung, die du unternimmst, und das, was du schreibst. Nun gut, ich weiß es nicht. Bist du am Ende ein bißchen anders geworden? Mir scheint es wirklich der Fall zu sein. Schade, daß bei dem, was du sagst, im Grunde rein gar nichts von dieser Veränderung zu spüren ist, versunken in einem Meer von Abstraktionen und Theoretisierungen, wie sie ist.

Ich bin unter Umständen auf dich getroffen, unter denen eine Beziehung zwischen uns schwer vorstellbar war. Und trotzdem blieben wir zusammen: oder besser gesagt, *du* hast dafür gesorgt, daß wir zusammen blieben, indem du alle Gegebenheiten um uns herum umgekrempelt, die Barrieren, die ich dir entgegensetzte, aufgehoben und in aller Ruhe die schwierigsten Situationen gemeistert hast. Ich erinnere mich daran (wie du am Anfang unserer Beziehung warst), weil das sicherlich der Punkt ist, der von dem, wie wir heute sind, am weitesten entfernt ist. Ich ließ mich von deiner Vitalität leicht einnehmen, von der Leichtigkeit, mit der du das Leben nahmst, von deiner ‹Kraft› (auch wenn ich es immer vermieden habe, dieses Wort mir gegenüber zu gebrauchen); verdammt noch mal, wie angenehm erschien mir dein Leben, mir, die ich bei allen Versammlungen stets ein Zeichen des Einverständnisses zu erhalten versuchte, die ich seit vielen Jahren die Bewegungen meines Gesichts und meines Körpers unter Kontrolle hielt, um zu vermeiden, daß ich mich durch ein Erröten, ein Zittern, eine ungewollte Zärtlichkeit verriete. Zum Teufel mit dir, der du so gewissenlos warst, daß du nachts schlagartig einschliefst und in einem durchschliefst, der du alle zu kennen und alles zu beherrschen schienst.

Was hatte ich mir dir zu tun? Manchmal sah ich dir nach, wenn du weggingst, und es überkam mich ein Schwindel, wobei du mir plötzlich als ein großer Affe erschienst, als ein Urmensch, ja, genau: nicht so sehr Mensch, um kein Herz und Hirn zu besitzen, sondern eben ein Herz und ein Hirn ohne Konturen und Nuancen, ohne Kontraste, ohne Begrenzungen, die man begreifen, bezwingen und beherrschen konnte, indem man vielleicht nicht mit ihnen übereinstimmte, sie aber wenigstens fand. Du hingegen warst ungreifbar, nicht weil du etwa unzuverlässig gewesen wärest, im Gegenteil, du erschienst in allem als ‹perfekt›, nicht als ‹der Beste›, sondern als ein reibungslos funktionierender Mechanismus, in dem Kraft, Gleichgewicht, Schlaf, Heiterkeit sich von der Perfektion eines Triebwerks herleiten, die uns allen anderen in Ordnung zu sein schien. Das war es, du erschienst weder als Draufgänger, noch als Egoist oder gar als Gewaltmensch: du wirktest ganz ‹normal›, also wie einer, der so funktioniert, wie ein Mann nun einmal zu funktionieren gezwungen ist. Dem es nichts ausmacht, wenn er mal früh aufstehen oder mehr arbeiten muß; der, wenn er zwei Frauen gleichzeitig liebt, sich keine Sorgen macht und auch keine Angst vor Versammlungen hat, der sich nicht an die Macht klammert (sondern die Macht ist ihm auf anmutige Weise angeboren). Eben diese in einer Welt von Anormalen so verdächtige Normalität.

Und so habe ich halt versucht, dich an irgendeiner Ecke zu fassen zu kriegen. Und tatsächlich war das erste, wogegen ich kämpfen mußte, eben die Tatsache, daß du dich vor allem als ganz ‹normalen› Menschen definiertest, während ich – in meinen Augen und auch in deinen – von uralten und nicht mehr heilbaren Ängsten gequält wurde. Wie habe ich deine ‹Normalität› geliebt, wie habe ich versucht, darin aufzugehen; aber irgend etwas, eben dieser Verdacht, der mich beflügelte, hielt mich stets zurück. Heute kann ich diese Dinge anders ausdrücken: du warst in einem so klassischen Sinn Mann (das heißt, alle deine Fehler als Mann waren dermaßen vollkommen), daß dir die seltene Würdigung zuteil wurde, als ein ‹normaler› Mensch erlebt zu werden, der vollkommen mit der Vorstellung von Normalität übereinstimmte, die von einer männlichen Kultur suggeriert wurde.

Wenn man das aber so sagt, begreift man nicht viel. Man begreift nicht, wie schwer es ist, einem Mann die Maske abzureißen. Wenn man von Inbegriff der Männlichkeit spricht, denkt man unmittelbar an Gewalt, Gewalttätigkeit und Egozentrik, und man erkennt nicht, daß diese offenen Fehler bei einem Mann oft schon einen Knacks darstellen, bereits die neurotische Auflösung zwischen sich und seiner Identität als Mann bedeuten, die ihm von der Gesellschaft geboten wird: ein Auseinanderklaffen, das so schlecht kaschiert wird, daß man es leicht entlarven kann. Ein ausgeglichener, zuverlässiger, *starker, aber nicht gewalttätiger* Mann jedoch kommt einem wie ein ‹Geschenk der Natur› vor, wie etwas, das – endlich – außerhalb der Widersprüche steht. Dann ließ mich aber der Verdacht, der mich dazu brachte, dich unablässig zu beobachten, den Preis erkennen, den auch du für dein Mannsein zahlst: die vollständige Verdrängung ganzer Teile von dir.

Heute bist du darin verändert: du vermagst nicht mehr, irgend etwas zu verdrängen oder zu kompensieren. Heute scheinst du, wie alle Männer, ‹allen Winden› ausgesetzt zu sein, nur darin (noch nicht in deiner Art zu denken, zu sein oder über dich nachzudenken) bist du ein anderer geworden: wenn du willst, könnten wir sagen, daß du noch mit der Frage der ‹Methode› beschäftigt bist, noch nicht mit dem Inhalt, aber mir kommt das gleichermaßen viel vor.

Hier höre ich auf; bilde dir nicht zuviel ein auf das, was ich geschrieben habe (ich war gerade zärtlich gestimmt); sehr bald werde ich dir einige Dinge über uns sagen; und ich glaube nicht, daß sie dir Vergnügen machen werden. Ciao.

Irene

Ich erhalte schreckliche Nachrichten über einige Genossen.

Weil sie nicht wissen, was tun, fixen sie; *weil* sie verzweifelt sind, fixen sie. Es scheint sich eine fürchterliche Perspektive abzuzeichnen, wonach die *Ausgeglichenheit* der Normalität entspräche; diese wiederum der Halbheit: also *letztendlich* der Mittelmäßigkeit. Auf der Seite der Ausgeglichenheit (und also *letzten Endes* der Mittelmäßigkeit) stünden Vernunft, Reife, Planung. Die Unausgeglichenheit dagegen wäre Ursache und Wirkung der ANGST, d. h. des Sichbefragens von Grund auf über sich selbst, über die eigene Vergangenheit/Gegenwart/Zukunft. Und ist also eine solche Selbstbefragung vielleicht nur in der Panik der Neurose, im Rausch der Droge, im Taumel des Wahnsinns, in der unendlichen Einsamkeit der Betrunkenheit möglich?

Es sind erst zwei Tage vergangen, seit ich mit dem Schreiben dieser Zeilen begonnen habe, und schon merke ich – wobei ich dazu neige, diese letzte Frage positiv zu beantworten –, daß mein Anteil an der Skepsis und, als Folge davon, die erneute Bestätigung dessen, sich verstärkt haben, welches die Grenzen einer männlichen Selbsterforschung sind, wie es diese hier gern sein würde; und, allgemeiner gesagt, es erweist sich dieser Prozeß der Wiederaneignung des eigenen Unbewußten, von dem ich vorher sprach, als noch entsetzlich viel schwieriger.

Ist die *Wiederaneignung des eigenen Körpers* vielleicht einfacher? (Die Unerträglichkeit einer solchen durch übermäßigen Gebrauch abgenutzten Formulierung könnte nahelegen, andere Begriffe zu verwenden, aber die sind zweifellos alle schlechter.)

Vielleicht lassen die Greifbarkeit und Naturgegebenheit des Körpers, die Tatsache, daß er notwendigerweise von Vermittlungen unabhängig ist (zumindest von den bedrückendsten und häufigsten), ein freieres Verhältnis zu ihm zu oder erlauben wenigstens leichter eine gezielte Veränderung dieses Verhältnisses. Tatsache ist, daß es, so betrachtet, einen ‹gewissen Fortschritt› gibt.

Das Interesse auch und vor allem am Orgasmus der Frau wird wahrscheinlich nur eine Äußerung sexueller Reformbestrebungen sein, aber es ist zweifellos ein Schritt vorwärts. Und das deshalb, weil es, verbunden mit anderen Anzeichen, von denen noch die Rede sein wird, Zeugnis von jenem Willen zur Ehrlichkeit und jener Ablehnung der Macht ablegt, die auf eine möglichst positive Entwicklung der Liebe in der Zweierbeziehung hindeuten.

Die anderen Anzeichen. Meine sexuelle Erziehung und meine sexuelle Aktivität – außerdem selbstverständlich die kulturellen Traditionen – haben meine Sexualität natürlich auf meinen Schwanz hingelenkt; meine Gewalt und die Unterwürfigkeit der Frauen (außer ihrer Erziehung, ihrem Wirken, ihrer Bildung) haben diese Tendenz gefördert.

Von dort, nämlich von der Spitze meines Schwanzes, die sexuelle Erregung beim Beischlaf wieder wegzuleiten, ist eine mühselige, kaum begonnene Anstrengung, die Verzögerungen und beträchtlichen Rückschritten entgegensieht. Dabei handelt es sich um Dinge, die die Feministinnen seit mindestens zehn Jahren vertreten. Es bleibt als Tatsache, daß sie nicht in die Praxis umgesetzt worden sind; sie sind zum Beispiel nicht meine Praxis geworden.

Ich kann mich daran erinnern, wie sich mein sexuelles Verlangen einmal bei einer Frau mit braunem Haar einzig und allein auf das Schwanzlutschen zu richten schien. Dabei spielte vielleicht auf meiner Seite auch die aufregende ‹Entdeckung› dieser Geste eine Rolle, die Frauen bislang nur sporadisch und mit einem gewissen Widerwillen ausgeführt hatten; der Charakter des Neuen und Originellen dieser Sache hatte seine Bedeutung bei der Anziehung und dem Reiz auf mich. Aber es lag in dieser Geste zweifellos (und liegt auch jetzt bisweilen) der Wunsch nach einem bequemen und leichten Sexualakt ‹ohne Probleme und Sorgen›, der nicht einmal den Gebrauch der Hände einschließt, sondern lediglich fordert, daß du deinen Schwanz jenem Mund zur Verfügung stellst und dann drauf wartest, daß es dir kommt. Das mag sogar der Gipfel des Egoismus, die äußerste Negierung der Partnerin und des Prinzips der Gegenseitigkeit in der Liebe sein. Jene braunhaarige Frau war es, die mir zum erstenmal etwas begreiflich machte: als ich zum x-tenmal meinen Schwanz in ihren Mund steckte und sie daraufhin in Tränen ausbrach, da ging mir auf, daß ihr Orgasmus nicht notwendigerweise die Folge meiner Lust war, wie ich es wirklich und selbstverständlich angenommen hatte.

Nun ist zwischen dir und mir, Irene, alles ganz anders. Und offensichtlich sind wir gerade dabei zu entdecken, daß auch das Schwanzlutschen nicht egoistisch sein muß und daß der Analverkehr auf Gegenseitigkeit beruhen und – wie ich irgendwo gelesen habe, ohne daß es mir vollständig gelungen wäre, den Sinn zu verstehen – auch der Schmerz Bestandteil der Lust sein kann.

Das Thema Analverkehr ist in der Tat wichtiger als es scheint. Arschgefickt zu werden ist für den Mann die körperliche ‹spürbare› (genau das) Spiegelung der bewußten Hinnahme der Schwäche, der ‹Leere› im physischen und psychologischen Sinn (das Arschloch als Hohlraum, der Finger der *Partnerin*, der darin *eindringt*). Und tatsächlich ruft beim Mann der Umstand, daß in ihn eingedrungen wird, die Vorstellung von Homosexualität hervor, von Unterlegenheit (von Unterliegen), von Rollen, die von den traditionellen abweichen.

So gesehen hat der Analverkehr eine positive Wertigkeit, ohne natürlich deshalb als an sich befreiend und revolutionär angesehen werden zu müssen: er hat jedoch die Bedeutung, daß er auf Positionen und Funktionen anspielt, die sich von den üblichen supermännlich-penetrierenden unterscheiden, und folglich dem Mann erlaubt, sich auch aus Ergebung, Bereitschaft, Hingabe zusammengesetzt zu denken. Aus Schwäche. Es bleibt aber als Tatsache – würde ein Psychoanalytiker oder militanter Homosexueller sagen –, daß all das innerhalb des traditionellen Gefüges der heterosexuellen Zweierbeziehung bleibt. Und sie hätten recht. Es gibt in der Tat keinen Zweifel, daß meine geistige Veranlagung und die Anlage meiner Sexualität starr an der heterosexuellen Idee und Praxis festhalten.

Ihr habt es alle versucht – Freunde, Genossen und Bekannte –, mir die homosexuelle Beziehung als fruchtbar und progressiv im Hinblick auf eine zu erstrebende Bisexualität schmackhaft zu machen. Die Ergebnisse waren beinahe gleich Null. Hier stehe ich nun, unbeugsamer denn je, in meiner Heterosexualität; und meine Einstellung gegenüber der Homosexualität geht immer noch kaum über väterliche Toleranz hinaus. Sie haben zu mir gesagt: versuche, an denjenigen deiner Freunde zu denken, der dir körperlich, menschlich und moralisch am meisten gefällt, und stell dir vor, daß du ihm (oder er dir) einen bläst. Ich konnte nur mit Mühe den Brechreiz zurückhalten. Im Ernst. Die Gründe für diesen Widerwillen: außer den üblichen, bei denen zu verweilen überflüssig ist, liegt es vielleicht an der besonderen (was Dauer und Intensität betrifft) Jugend meiner Sexualität, das heißt jener oberflächlichen und vagen Sexualität, von der bereits die Rede war; und, noch einmal, es gibt diesen Abstand zwischen mir und meinem Unbewußten, weshalb ich meine behaupten zu können, daß in keiner Schicht meiner Psyche (denen natürlich, die von mir zu ergründen sind) ein homosexuelles Verlangen vorhanden zu sein scheint (was natürlich die Homosexuellen, Bisexuellen, Feministinnen, Psychologen und Psychoanalytiker erschauern läßt, aber meine Empfindungen um keinen Deut ändert). Ich sage dies zur nochmaligen Bestätigung der schrecklichen Voreingenommenheit und Zerbrechlichkeit dieses Krisen/Veränderungsprozesses, den ich augenblicklich durchzumachen glaube.

An dieser Stelle könnte ich die Aufzeichnungen beenden. Die vorgesehene Anzahl Seiten ist sogar schon überschritten – aus nicht gerade edlen Motiven: ich bekomme nämlich soundso viel (und es ist wirklich viel) pro Seite bezahlt – und Marco Lombardo-Radice hat mir ans Herz gelegt, mich nicht allzu lange auszupinkeln.

Wer diese Seiten gelesen hat (du, Irene, aber auch Roland), hat ertragen müssen, daß die Schreibweise und zum Teil auch der Inhalt langweilig sind. Die Grundursache hierfür ist, daß ich beim Schreiben dieser Seiten ein weiteres Mal das Opfer meiner Bildung und meiner politisch-intellektualistischen Eigenart geworden bin. Da ich kein Schriftsteller bin, hat mein Stil nicht die Kraft literarischer Prosa; da ich aus Gründen, über die ich gesprochen habe, außerstande bin, eine Selbsterforschung vorzunehmen, es sei denn in extrem indirekter Form, ist es mir auch nicht gelungen, die *Wirklichkeit* meiner Empfindungen und die Tiefe meiner Ängste mitzuteilen. Es ist mir vielleicht gelungen, Zeugnis von den Überlegungen zu geben, die ein erwachsener Mann, der sich als revolutionärer Kämpfer versteht und der die traditionelle (humanistisch-marxistische) Bildung eines militanten Revolutionärs besitzt, über seine eigene Rolle anstellt, wenn sie in Frage gestellt wird.

Das sind die Fakten. Vielleicht wäre es nutzbringender gewesen, eine Rolle und folglich auch eine Schreibweise und einen Stil zu ‹erfinden›. Das wäre aber eben eine ‹Masche› gewesen. Ich habe vorgezogen, es nicht zu tun und auf diese Weise glaubwürdiger und direkter zu belegen, wie dieser *Widerspruch* (der des *letzten Mannes*, damit wir uns verstehen) sich in einer klar umrissenen gesellschaftlichen Figur ausdrückt; ein Widerspruch, den einer wie ich, indem ich bis zum Hals drinstekke, noch immer erlebe, mit meinen Bruchstücken psychoanalytischer Bildung, die sich zu meinen Bruchstücken literarischer Bildung gesellen, die wiederum auf Bruchstücke marxistischer Bildung gepfropft sind. Wie sollte das denkbar sein, daß so einer von einem Tag auf den anderen sich hinsetzen und Überlegungen anstellen, sich selbst analysieren und eine ‹Selbsterforschung› bei sich anstellen könnte, gerade als wäre er eine siebzehnjährige Feministin aus einer Versuchsschule und Ex-Mitglied von Potere Operaio?* Na kommt, bleiben wir doch ernsthaft!

Vielleicht ist dabei ein Eingeständnis endgültigen und unheilbaren Skeptizismus herausgekommen.

Vielleicht habe ich gerade das gewollt. Oder einfacher:

«Personen, die versuchen, ein Motiv in dieser Erzählung zu finden, werden gerichtlich verfolgt; Personen, die versuchen, eine Moral darin zu fin-

* (= Arbeitermacht) linke außerparlamentarische Organisation

den, werden verbannt; Personen, die versuchen, eine Fabel darin zu finden, werden erschossen.

Auf Befehl des Autors

Der Ortskommandant»*

Andrea

* Mark Twain, Die Abenteuer des Huckleberry Finn

Der Jüngste

So eine Schule wie meine kann einem zwar viele Dinge bieten, aber zur selben Zeit kannst du dich auch alleine fühlen wie ein Hund, weil überhaupt nichts passiert.

So eine Familie wie meine geht einem zwar nicht übermäßig auf die Eier, also ich meine damit, daß es mir so ziemlich freisteht, auszugehen oder sonstwas zu machen, aber in Wirklichkeit komm ich mir sehr unfrei vor, ich fühl mich ganz kaputt, weil's mir an Kommunikation echt mangelt, was einen dann immer entweder defensiv oder aggressiv werden läßt, und wenn du dann abends nach Hause kommst und traurig bist, Angst hast oder so was, dann hast du nicht einmal die Möglichkeit, ein paar Worte mit jemandem zu wechseln, oder es geht so weit, daß du nicht mal Lust dazu hast, weil die Kluft zu groß ist.

Erstes Jahr Gymnasium: Lotta continua, kauft ‹Lotta continua›, heute 'ne Versammlung, morgen 'ne Demo, übermorgen wieder 'ne Versammlung im Parteilokal, in P . . . wegen der Besetzung des Schularbeitszirkels.

Tatsächlich sind fast alle älter als ich, und dann kuck dir doch bloß mal die Kleine da an, die ist so alt wie ich und raucht schon Zigaretten, knutscht mal mit dem, mal mit jenem, und ich steh hier dämlich rum und will nicht mit ansehen, wie sich meine Genossen aufführen, kein Aas redet dich mal an, der Schlag könnte dich treffen, du könntest den lautesten Rülpser von der Welt loslassen, die würden dir trotzdem nicht zuhören.

So vergeht der Winter mit Einsamkeit, politischem Eifer, Schule, Wichsen undsoweiter undsoweiter und es kommt die Sonne.

Wie schön ist es doch, zur Schule zu gehen, wenn die Sonne scheint, bloß mit einem T-shirt, du kannst es nicht erwarten, daß der Unterricht aus ist, um mit dem Mofa im Verkehr rumzugondeln.

Und sogar die Bullen-Doppelstreifen sprießen wieder wie Frühlingsblumen aus dem Boden, bloß stinken sie schlimmer als Margeriten und verteilen Strafzettel, als wenn's Bonbons wären.

Ich hab mich in dieser Zeit immer schon anders gefühlt, ich sehe, wie alle die kleinen Hippies aus der Schule lächeln und sich jedesmal umarmen, wenn sie sich treffen, was sie für ein Getue machen, aber wie sie sich gut verstehen und aufeinander eingehen.

Und so kenn ich sie jetzt, nach einer Zeit, wo ich versuchte, an sie ranzukommen, alle, einen nach dem anderen, ich hab ihre Telefonnummern, ich treff sie – jeden Tag, endlich jemand, mit dem man reden kann, Musik machen oder wonach einem sonst noch ist. Aber kaum hat man sich kennengelernt, fangen auch schon die Probleme an: zusammen einen kiffen, langt nicht, trotzdem machst du es, blödeln bringt nichts, trotzdem machst du es, aber die Beziehungen entkrampfen sich nicht, die Sexbeziehungen bleiben schwierig und verkorkst, aber das Bedürfnis, was zu machen, ist stark.

Die Sommerferien gehen vorüber, und alle treffen sich wieder, ein paar neue Mädchen sind dabei, von denen kenn ich besonders eine, die ich sehr dufte finde, aber beide sind wir unheimlich gehemmt.

Endlich sieht man sich mal alleine, küßt sich, hält Händchen, kuckt sich in die Augen, und du meinst schließlich, was in der Hand zu haben.

Willst du, daß wir tanzen, schreien, uns lieben – – lieben?

Das ist der Punkt, wo uns Verlegenheit, Unklarheit und Unfähigkeit, das auszudrücken, was man fühlt, erdrücken und kaputtgemacht haben.

Wir kommen einfach nicht dahinter, was da schiefliegt, Angst sich anzufassen, Angst vielleicht, mehr zu lieben als man fühlt.

Die Situation zieht sich 'ne Weile hin, endlich bringt mich die Angst dazu, die ich mittlerweile habe, daß ich dreihundert Meilen weit weglaufe, ich hab's nicht mal fertiggebracht, meine Tränen zu zeigen, ich bin abgehauen und hab gesagt, Schluß, aus, basta.

Die haben mich für ziemlich beschissen gehalten, jetzt würde man wohl chauvinistischer Macker und so was sagen, aber wer hat mir denn jemals gesagt, wie man's machen soll, wer hat mir denn jemals erklärt, daß es wirklich besser ist, man stellt sich den Situationen, als daß man kneift, weit wegrennt und sich nichts denkt, aber mir hat das nie jemand gesagt. Ich weiß, daß es dem Mädchen mies gegangen ist, ich weiß auch, daß es mir mies gegangen ist, aber ich hab halt nicht weiter sehen können, als ich grade sah.

So ist dieser Versuch einer Zweierbeziehung, wenn man das überhaupt so nennen kann, schiefgegangen; und auch diese Gruppe Jungs und Mädchen ist auseinandergefallen, ein paar haben sich verkrümelt, andre haben sich politischen Gruppen angeschlossen, die's bei uns an der Schule gibt, wir sind nur ganz wenige übriggeblieben, dafür aber enger zusammen, diese Schwierigkeiten, sich zu artikulieren, haben uns zusammengebracht, und von dem Moment an habe ich mich immer dafür stark gemacht, daß man sich die Dinge gemeinsam mit den anderen überlegt.

Jetzt bin ich in der letzten Klasse, bin 18, und vieles hat sich geändert. Gruppenbeziehungen, Zweierbeziehungen, Schule, Familie, alles ist gleich geblieben, aber in derselben Zeit ist alles gewachsen, anders geworden, ich glaub auch, besser geworden, zumindest fühl ich mich eher in der Lage, etwas abzuschätzen, zu beobachten, Fortschritte zu machen.

Das Bedürfnis, zu entdecken und zu leben und

zu kämpfen steckt in mir drin, und ich möchte, daß man das in allem spürt, was ich mache und woran ich glaube.

Wir lagen nebeneinander, ich hätte sie gern geküßt, aber irgendwas im Magen hinderte mich daran wie ein Gewicht, wie ein Stein, den du nicht weit werfen kannst. Ich nahm ihre Hand, ich dachte an nichts mehr. Wir haben uns geküßt und umarmt. Die Verlegenheit kam zurück, aber unsere Blicke waren verändert. Wir versuchten, ein Lächeln anzudeuten, das langsam Gestalt annahm.

Diese Erinnerungen sind noch sehr lebendig in mir, vermischt mit Gefühlen, die für die Jugend typisch sind, und nur angereichert durch zwei Jahre ununterbrochene Bekanntschaft und immer noch frische Liebe.

Unsere Beziehung ist immer in einer ganz bestimmten Art organisiert gewesen, das heißt, wir haben immer versucht, uns gegenseitig so wenig wie möglich zu verletzen, keine verworrenen oder irreführenden Situationen zu schaffen. Klarheit, Unentbehrlichkeit und gegenseitiges Verlangen, sexuelle und gefühlsmäßige Beziehungen waren und sind das, was wir wollen. Trotz allem, trotz der ziemlich ‹freien› Form unserer Beziehung, haben wir, sagen wir mal, bestimmte Rollen, gewisse Schemata durchlaufen, verworrene Situationen hat es gegeben und gibt es noch immer, aber das Fundament unserer Liebe hat alle Hemmnisse überwunden, die unser Egoismus aufbaut, der so, wie man sich gegenseitig entdeckt, nach und nach rauskommt; Hemmnisse, die auf der Gegensätzlichkeit von Ansprüchen, von Bedürfnissen beruhen, und es hat eine ganze Weile gebraucht, bis es uns gelang, das zu akzeptieren, was da Tag für Tag ans Licht kam.

Die erste, in mancher Hinsicht recht schöne Zeit, ist durch die Entstehung von Situationen gekennzeichnet, wo ich als der ein bißchen Sicherere dastand, und Ruth als die ‹Schwächere› und folglich Bedürftigere. So fiel es mir schwer, aus mir herauszugehen, Fragen zu stellen, eingeschlossen in eine schützende Maske, die mir keinen Spielraum ließ, in die ich mich aber trotzdem flüchtete. So antwortete ich auf alles, was sie mich fragte, und mühsam schaffte ich es, mich restlos zu erkennen zu geben, wie ich das wollte, diese Paparolle war schwer loszuwerden.

Aber gerade zu dieser Zeit brachten wir eine vollkommene Sexbeziehung zustande, die gegenseitige Entdeckung unserer Körper, die Erfahrung neuer Gefühle; so war es uns möglich, Augenblicke zu erleben, in denen wir wirklich und wahrhaftig uns gegenseitig mitteilten, in denen wir entdeckten, wie man sich in die Augen kuckt, eng umschlungen miteinander redet, beieinander liegend raucht.

Und gerade aus diesen Augenblicken hat sich das Bedürfnis ergeben, alles zu ändern, die aufgebauten Muster niederzureißen, andere Leute kennenzulernen, es fertigzukriegen, andere Menschen in jedem Sinne zu lieben.

Und uns selber ein bißchen gründlicher zu betrachten.

«Die Nacht brach nun herein, ich saß an der Erde, den Kopf auf die Knie gestützt. Ich hatte viel geraucht und spürte einen Druck im Hals, als ob er zerspringen wollte, hatte Lust zu weinen. Ein Freund war bei mir, seine Hand war neben meiner. Ich hab mich an ihn gelehnt, da waren meine Gedanken auch schon durcheinander.»

So kam es, daß ich diesen Jungen kennenlernte, ich besuchte ihn und wir wurden Freunde.

«Wir lagen auf einer Wiese, vor uns die Berge waren mit leichtem Dunst verhangen. Eine Stunde Liebe, die mehr einem Spiel glich, dann tausend Gedanken.»

Im ersten Augenblick war es ziemlich schön, vor allem spontan, so natürlich, wie es alle Dinge sein sollten, dann denkt man nach, verteidigt sich, auch die Angst tut das ihre dazu, man bemüht sich, alles wieder auszulöschen, was natürlich und spontan sein kann.

Ängste, Probleme, Wahnvorstellungen haben dazu geführt, eine typische Zweierbeziehung mit bestimmten wirklich abweichenden Mustern aufzubauen.

Auch hier haben wir kämpfen müssen, um die Sache wieder ins rechte Maß zu bringen, um der

Spontaneität zum Durchbruch zu verhelfen, der Liebe, wodurch einer sich dem andern nahe fühlen möchte und alles, was man halt so will, das einzig Wichtige dabei ist, die nötige Aufrichtigkeit zu bewahren, damit man sich selbst im Hinblick auf alles, was einen umgibt, begreifen kann.

«Liebster,
ich bin hier allein zu Hause, möchte eine Menge Dinge machen und habe beschlossen, daß wir viel mehr Zeit zum Nachdenken, für kreative, künstlerische und andere Aktivitäten haben müssen, wir müssen es fertigbringen, unseren individuellen Bedürfnissen viel mehr Raum zu lassen, die sich dann, meiner Meinung nach, zum größten Teil in kollektive Bedürfnisse verwandeln würden . . .

. . . über mich selber nachzudenken, darüber, wie ich geworden bin und wer ich in Wahrheit bin, was ich fühle, aber da wird mir leider klar, daß ich mir keine Antwort mehr zu geben weiß und daß ich viel zu wenig darüber nachdenke. Ich empfinde mich mir gegenüber immer weniger kritisch, ich habe Angst, egoistisch und sogar eingebildet zu werden, aber ich fühle, daß ich im Grunde sehr unsicher bin.

Nur daß ich nicht denke und darauf aus bin, nicht nachzudenken, das schmerzt mich.

Ich bin jedoch nicht verzweifelt, wenn auch vielleicht sehr traurig, aber ich bin es nicht wirklich, weil ich mich in einer aktiven Phase stecken fühle,

Lust habe zu verändern und die anderen Menschen wahrzunehmen, mich selber bemerkbar zu machen . . .

. . . Ich schreibe nicht weiter, weil ich nicht so allein in mir rumkramen will, eben deswegen, wegen dieser Angst, so allein in mein Inneres hineinzusehen, und vielleicht auch aus Unfähigkeit bitte ich dich um deine Hilfe und um die der anderen, um deine Kritik, deine Unterstützung, deine Zuneigung und um alles, was du mir geben kannst und willst, und ich bitte dich auch, von mir das zu fordern, was du brauchst, und um viel Kraft, um einander zu entdecken, kennenzulernen, einander lieben zu lernen, was ich wirklich verlernt habe, und um neue Möglichkeiten des Miteinanders ohne Regeln zu erlernen; beisammen sein, ohne sich unterdrückt oder eingeschränkt zu fühlen, sondern nützlich, lebendig und an den Dingen interessiert. Laß uns ein bißchen Zeit dafür finden, miteinander zu reden, auch darüber, wie wir uns im Hinblick auf diese neue oder zumindest andere Art des Miteinanders fühlen, indem wir, wenn möglich, auch in anderer Weise miteinander reden. Mir tut leid, daß du weggefahren bist, aber vielleicht ist es auch besser, weil ich so für einen Augenblick besser an dich denken kann, fühlen kann, ob ich Sehnsucht nach dir habe, weil ich so mit dir reden oder dir vielleicht mit mehr Klarheit schreiben kann. Kuß,

Ruth»

«Liebste,
ein Vormittag zu Hause, ich denke nach, schreibe, lese noch mal, was du geschrieben hast, versuche, meine ganze Vorstellungskraft zu konzentrieren und dich zu sehen, die anderen; ich sitze hier nackt wie ein kleines Kind, das in den Arm genommen, geküßt, aber auch in Ruhe gelassen werden möchte ...

... Das Bedürfnis, es fertigzukriegen, ehrlich zu sein, deine Hand zu drücken, dich lieben zu können, ohne dich einzuengen, ohne die vielen Ratlosigkeiten und Unsicherheiten, das Verlangen, dich heiter zu sehen, wirklich und ohne falsches Drumherum, das Verlangen, alle Situationen, die einen verschlingen, aufzuheben, nicht um zu kneifen oder weil ich sie nicht akzeptieren will, sondern um neuen Dingen Platz zu machen, auch wenn sie vielleicht hundertmal schlechter sind, aber ich denke, daß sie in jedem Sinne wirklich schöner sein könnten ...

... Nackt sein, sich berühren, sagen, was man fühlt, sich ohne Scheu ausdrücken ... ich liebe dich, ein Kuß ...»

Diese beiden Briefe spiegeln eine Zeit, einen Augenblick des Suchens, des Analysierens, des Entdeckens von Möglichkeiten wider gegen all das, was, durch Erziehung, durch Vorbilder, durch wechselseitige Schwierigkeiten, verständlich zu sein (im übrigen hat uns niemand beigebracht, wie man das macht), uns einer gegen den anderen hat sein lassen, uns zur Verständnislosigkeit geführt hat, zu Augenblicken des Egoismus, zu idiotischen, für die Zweierbeziehung typischen Verhaltensmustern, die jede Neigung zu anderen, freien, intensiveren und vor allem liebevolleren Augenblicken im Keim ersticken.

Ich denke aber, daß alle diese Dinge in eine allgemeinere und gleichzeitig besser gegliederte Überlegung eingebracht werden sollten.

Mir ist gesagt worden, ich sollte was schreiben über «die Krise der Rolle des Mannes» (in diesem Fall des Jungen) im Hinblick auf die Erfahrungen, die ich gemacht habe.

Ich meine jedoch, wenn auch auf eine etwas absichtsvoll konfuse Art, schon bestimmte grundlegende Punkte berührt zu haben, in die man so eine Untersuchung sehr gut einfügen kann.

Zweierbeziehung, homosexuelle Beziehungen, Gefühlsbeziehungen ... was all diese Dinge angeht, möchte ich da nicht zu sehr theoretisieren, weil das Sachen sind, – die ich erlebt habe, die ich gerade erlebe, bei denen ich leide und heitere Augenblicke finde, wo ich Tag für Tag versuche, was besser zu machen, alle Panzerungen und Masken abzuschütteln, die ich habe.

Wenn meine Zweierbeziehung, oder allgemein gesagt, die zu allen Mädchen, die ich kennengelernt habe, in die Krise geraten ist, dann deswegen, weil wir lange gebraucht haben, bis wir unsere Einsamkeit als Einzelwesen begriffen und akzeptiert haben, das heißt, wenn wir uns weiter ständig dieselben Dinge gefragt und vorgenommen hätten, wäre alles total schiefgegangen. Seine eigene Einsamkeit akzeptieren heißt nicht, daß man sich beklagt, sich selbst bemitleidet, sondern daß man reagiert, Bewußtsein erlangt, den eigenen Körper, das Hirn und alles, was man so an sich hat, akzeptiert, damit man es schafft, auf andere und nicht quälende Art Fragen zu stellen, damit man es schafft, zu geben, nicht weil man weiß, daß der andere sich einem später erkenntlich zeigen wird (eine Vertragsbeziehung, die in den besten Familien an der Tagesordnung ist), sondern, weil du es bist, der das entscheidet, weil du es bist, der es möchte, weil du dich frei fühlen kannst, und so weiter ...

Und wahr ist nämlich, daß wir Kommunisten sein können bis sonst wohin, Genossen im wahrsten Sinne des Wortes, aber in der Praxis wissen wir nicht, wie wir uns von unserer guten alten bürgerlichen Erziehung mit all ihren Frustrationen, mit allen ihren Kastrationen freimachen sollen. Und wenn du also auf dem Zahnfleisch kriechst, dann deshalb, weil du nicht weißt, was du machen sollst, weil du gewohnt bist, auf beschissene Weise zu leben, weil du, wenn du was für jemanden tun sollst, gleich eine Belohnung erwartest, ein Küßchen, wenn du brav gewesen bist, und genau da liegt der Hund begraben.

Aber es gibt auch welche, die was verändern

wollen, und das hat man am Einsatz der Genossinnen in einem Kampf gesehen, der nicht nur politisch, sondern auch kulturell ist, mit anderen Worten, der bezweckt, vor Jahrtausenden geschaffene Modelle zu verändern.

Und auch ich hab mir die Nase poliert, im Hinblick auf die Person, mit der ich zusammen bin, im Hinblick auf die Freunde, mit denen ich leben möchte, und auch im Hinblick auf mich selbst, der ich ein starkes Bedürfnis danach spüre, zu wachsen und diese Schwierigkeiten im Momente von Gegenseitigkeit, von Bestätigung und überhaupt in Momente umzumünzen, die intensiver als sonst was sind.

Aber um auf das Thema von vorhin zurückzukommen, so möchte ich nun konkret erläutern, auf welche Weise ich diese Dinge erlebt habe.

Was zum Beispiel das ‹Hinnehmen der eigenen Einsamkeit› betrifft, wenn man es so nennen kann, so ist es mir erst dann gelungen, das bis ins letzte zu verstehen, als ich mich wirklich allein fühlte.

Ich will versuchen, das besser zu erklären: ehe sich einer nicht vollkommen von allem löst, was er hat, kann er sich dessen nicht bewußt werden. Aber um das fertigzubringen, habe ich, gemeinsam mit meiner Genossin, eine Menge einstecken müssen, und vor allem sie ist es gewesen, die das meiste niedergerissen hat, die nein gesagt hat zu meinen Versuchen, wieder mit den üblichen Regeln, den üblichen Spielchen und Verteidigungsmaßnahmen anzukommen, um ja nicht bis auf den Grund der

Dinge zu gelangen. Aber sie hat es geschafft, weil ihr damals wie heute noch immer ein recht klares Ziel dabei zu Hilfe kam, ein Umgang, ein Bezugspunkt, der z. B. ihr feministisches Kollektiv sein mag, und folglich nicht nur einen praktischen, sondern auch einen ideologischen Bezugspunkt bildet.

Dieses Gefühl also von Einsamkeit, das, wiederhole ich, nicht bloß individuell, sondern eine wirklich gegenwärtige Angelegenheit ist, hat mich schwierige Momente durchleben lassen, wo ich eine Menge zu schlucken kriegte, es hat mich aber auch sehr viel nüchterner gemacht, es hat mich kapieren lassen, nach welchen Dingen man suchen muß, es hat mich auf ganz andere, ehrlichere Art auf die anderen Menschen hingestoßen, und es erlaubt mir, die Fehler und Irrtümer zu erkennen, die es gegeben hat und immer noch gibt. Auf eine Zertrümmerung, auf einen Bruch im Hinblick auf die gewohnte Dimension und Tradition muß man auch konstruktiv, auf kreative Weise, antworten können und vor allem das herausholen, was man fühlt, was in einem steckt.

Klar ist das schwierig, für die Mädchen und Frauen hat es eine Antwort gegeben und die gibt es auch jetzt noch; für mich ist der Weg noch weit, aber gerade wenn es einem gelingt, sein eigenes Ich kennenzulernen und zu erheben, den eigenen Körper, die eigene Empfindungsfähigkeit und Sexualität, so wird man auch in diesem Sinn eine recht genaue Antwort geben können.

Du steckst die Schlüssel ins Schloß, drehst sie rum: die Tür springt auf.

Alles ist dunkel.

Du schmeißt die Bücher auf die Erde und fluchst.

Einen Happen essen und du legst dich auf dein Bett.

Was kann man an einem Nachmittag tun, an dem keiner ans Telefon geht, der Regen dir auch dein Hirn durchnäßt und du dich mehr müde als wach fühlst?

Amsterdam? Wondelpark? Die Grachten? Der Regen ist immer der gleiche.

Die Pornohefte in der Schublade taugen bei solchen Gelegenheiten eher dazu, daß du nachdenklich wirst, als daß du dich masturbierst.

Jedenfalls ist es trotzdem schön. Solange es dauert, ist es schön. Und danach?

Entweder seinen eigenen Körper kennenlernen oder Einsamkeit?

Ich weiß keine Antwort darauf.

Ich denke, seinen Körper kennenzulernen, heißt auch, sich auf viele Weisen masturbieren zu können und diese Sache wie auch bei jeder anderen Gelegenheit glücklich auszuleben.

Zum Beispiel, wenn du Sport treibst. Nicht wettkampfmäßig, sondern als Entspannung. Oder wenn du mit jemandem schläfst. Seinen Körper kennenzulernen kann heißen, an einem Nachmittag zu masturbieren, wenn man sich einsam fühlt. Einsamkeit, wenn die Langeweile nach dir greift.

Um der Langeweile zu entfliehen, kannst du dich masturbieren. Und dann? Alles kann subjektiv sein. Deshalb kannst du dich auch langweilen, wenn du dich masturbierst. Was mir häufig passiert. Wie bei allen Dingen.

Also? Also müßte man auf alles positiv reagieren. Reicht ein Lächeln.

Und über gefühlsmäßige und sexuelle Beziehungen muß man wirklich mal gründliche Überlegungen anstellen.

Früher war es leicht, die Theorie zu vertreten, daß dann alles besser läuft, wenn es sexuell zwischen zwei Leuten klappt.

Für mich ist das richtig bis zu einem bestimmten Punkt, insofern als es, ja sicher, richtig ist, seine Sexualität auf die bestmögliche Art zu erleben, so befreiend wie möglich, aber für mich gibt es tausend Arten, der eigenen Liebe auf die Spur zu kommen.

Das soll heißen, es genügt nicht bloß der Sex, um die Dinge funktionieren zu lassen, sondern was zählt, ist das Moment des Gefühls, der Liebe, in dem Sinn, daß es der ganzen Beziehung oder den Beziehungen zugrundeliegen muß. Von da gehen alle Arten des Zusammenseins aus, darunter die sexuelle, und jede dieser Arten wird mit der größtmöglichen Klarheit auf die beste Weise durchlebt, damit man darauf zurückkommen und diesen Augenblick der Liebe von neuem erleben kann, der dir Erfüllung gibt und alles, was du willst.

Aber man muß aufpassen, weil so eine Sache auch eine Verteidigungsmaßnahme sein kann, zum Beispiel gerade im Hinblick auf den Sex. Das heißt, man könnte sagen, daß es wirklich tausend Arten gibt, zusammen zu sein, um effektiv dem Erleben eines sexuellen Moments aus dem Wege zu gehen.

Das sage ich, weil es mir vor allem bei den homosexuellen Beziehungen, die ich gehabt habe, so ergangen ist. Oder meine Gefährtin hat es mir in Augenblicken gesagt, wo wir mit dem Sex besondere Schwierigkeit hatten.

Es ist richtig, seine Probleme und Unsicherheiten gegenüber jeder beliebigen Sache auszudrükken, aber es ist nicht richtig, sie zu instrumentalisieren, damit man dann jedem Problem, dem man gegenübersteht, aus dem Wege gehen kann.

«Morgens. Die Sonne scheint an einem Wintermorgen. Nachts. Es ist dunkel in einer Winternacht.

Sie steht auf und geht weg, du bleibst mit halboffenen Augen im Bett liegen.

Du streckst den Arm aus und spürst jemanden. Dir fällt wieder ein, daß noch jemand neben dir liegt. Du hast dich daran erinnert, als du allein gewesen bist, und dir fällt ein, daß du am Abend vorher seine Hand gehalten und ihn geküßt hast.

Du weckst ihn mit Augen, die etwas fragen.

Deine Homosexualität soll nicht im Hintergrund

stehen, sie darf nicht hinter deiner Heterosexualität zurückbleiben, sondern sie soll so existieren, wie du sie brauchst.»

Wie ich schon sagte, ich habe meine Homosexualität mehr spielerisch als bewußt entdeckt, wie etwas Natürliches und Spontanes, was früher oder später sowieso stattgefunden hätte. Die Probleme sind tatsächlich erst später entstanden, sie sind entstanden, als ich bemerkte oder *wir* bemerkten, daß wir das gleiche Geschlecht hatten und im ersten Augenblick nicht darauf vorbereitet waren, mit Logik an alle Probleme und Fragen ranzugehen, die uns alle Augenblicke heimsuchten.

So passiert es immer, du hast eine Beziehung, du hast etwas mit einem Menschen, eventuell kriegst du den ersten Augenblick auf fabelhafte Weise hin, und dann kommst du zufällig in die Lage, Steinchen für Steinchen die ganze Beziehung rekonstruieren zu müssen, den ganzen Krempel, die glücklichen Momente und die schwierigen, so wie es mir bei allen Gefühlsbeziehungen einer ganz bestimmten Sorte ergangen ist.

Und das gleiche auch bei der Homosexualität, vielleicht noch schwieriger, vor allem für mich, der ich diesbezüglich ziemlich starke Abwehrhaltungen und Schwierigkeiten habe.

Die Probleme sind immer diese, besonders auf der Gefühlsebene: dieselben Schwierigkeiten, das heißt, daß auch da die Forderungen, Rollen, Anspruchsgegensätze ins Spiel kommen, also immer das gleiche Problem, seinen eigenen Egoismus, seinen Individualismus sich selber und folglich auch den anderen gegenüber durchzusetzen oder zu bekämpfen.

«Homosexualität, welch gefährliches Wort, vielmehr das gefährlichste.

Es gibt dir sofort das Gefühl, eine Randerscheinung, ein vereinzelter Verrückter zu sein.

Es läßt dich den wahren Grund vergessen, aus dem du jemanden um seine Hand gebeten hast.

Ohne dir begreiflich zu machen, daß es praktisch dasselbe ist.»

Die Schwierigkeiten entstehen nicht so sehr aus der äußerlichen Tatsache, sondern es ist so, daß du bestimmte Dinge, eine gewisse sehr reaktionäre und einengende Mentalität, Erziehung und Ausbildung mit dir rumschleppst und das nicht mal bemerkst.

Das heißt, du merkst es, wenn du die Widersprüche siehst oder vor ihnen stehst, die tagtäglich entstehen oder sich dir zeigen.

Das einzig wirklich Unerfreuliche daran ist, daß dich all diese Dinge behindern und den Grund vergessen lassen, aus dem heraus du bestimmte Entscheidungen getroffen hast, und sie haben dich vor allem in sexueller Hinsicht am Wickel.

Hier erlebe ich meine größten Widersprüche, meine dicksten Probleme, gerade was das betrifft, einen anderen Menschen zu berühren, sexuell zu akzeptieren, zu lieben.

Widersprüche, die mich dazu gebracht haben, Verteidigungsstellungen einzunehmen, mich egoistisch gegenüber Forderungen zu benehmen, die mehr oder weniger korrekt und nicht besitzergreifend formuliert gewesen sein mögen.

Es muß gesagt werden, daß ich Beziehungen zu Leuten meines eigenen Geschlechts nicht deshalb gehabt hätte, weil meine Hererosexualität zur Diskussion steht oder gestanden hätte und also mit gewissen Schwierigkeiten verbunden gewesen wäre, die mich eben zu andersartigen Beziehungen hätten treiben können.

Ganz im Gegenteil, es ist eine ganz zufällige Angelegenheit gewesen, nicht im mindesten vorgeplant, sondern spontan und schön.

Logischerweise kann es Momente geben, in denen ich mich mehr an die eine als an die andere Sache halte, aber bestimmt stehen sie nicht im Gegensatz zueinander.

Es ist wie bei unserer Gruppenbeziehung: es gibt Zeiten, wo man uns alle beieinander finden kann, oder auch bloß zwei oder drei Leute, aber das Wesentliche, die Liebe, die da herrschen kann und die uns verbindet, ändert sich bestimmt nicht dadurch. Es ist immer die übliche Geschichte, es geht von einem eigenen Bedürfnis aus, daß man sich treffen möchte, wie es auch vom Bedürfnis eines anderen ausgehen kann, aber in jedem Fall kann man zusammenkommen und braucht nicht seinen ganzen inneren Reichtum auf eine simple und monotone Zweierbeziehung zu übertragen, diesen Reichtum, der einem, wenn man ihn zum Vorschein bringen kann, erlaubt zu begreifen und vor allem Augenblicke tiefer und intensiver Liebe zu erleben. Sonst endet es damit, daß jede Beziehung, ob homo- oder heterosexuell, das tut nichts zur Sache, ein Vertrag wird, etwas, das dich einengt, und das kann so schön und intensiv sein wie es will, es geht aber nicht sehr viel weiter.

Also sehe ich in meinem Fall keine Rollenkrise, sondern vielmehr das Bedürfnis, auf bestmögliche Weise etwas aufzubauen, um meinen Problemen und denen der anderen gerecht zu werden.

«Ein Abend in einem Haus am Meer, alle beisammen, nur um zu versuchen, das Zusammenleben zu lernen, das Beisammensein, und in diesem Augenblick sind wir alle gerade dabei, zu Bett zu gehen. Ich gehe die Treppe runter, um im Zimmer unten zu schlafen, und sehe, wie Ruth auf dem Sofa liegt und weint. Einige Tränen rinnen über ihr Gesicht und benetzen ihre Haare. Ihr Gesicht ist traurig, sehr traurig, und ich sehe sie an, während ich die Treppe runterkomme. Die Beine versagen mir den Dienst, tausend Empfindungen stürzen auf mich ein und ich starre sie weiter an. Eine Sekunde bin ich stehengeblieben, in einer sind tausend Gefühlsregungen über mein Gesicht hinweggezogen.

Lust, sie zu umarmen, Lust, ihr wirklich zu Hilfe zu kommen, Gefühle von Müdigkeit, hemmende und quälende Gefühle, alles ist in einem Augenblick zusammengekommen. Ich denke, ich komme da nicht mehr raus, statt dessen hab ich mich dagegen aufgelehnt, als wollte ich dieser Mauer, die sich vor mir aufgerichtet hatte, einen Fausthieb versetzen, einen Kopfstoß, einen Fußtritt, ich hab gegen meine Schutzvorkehrungen Widerstand geleistet und bin drauflosgestürmt. Es ist mir gleich, ob sie mich zurückweist, es ist mir gleich, ob sie mich liebt, ich will mich vor sie hinstellen, wie ich es mit jedem Menschen machen will, ob er mich akzeptiert, ob er mich begehrt, ob er mich angreift, das ist ganz unwichtig.

Und so bin ich, als ich die Treppe runter war, erst mal aufs Klo gegangen, habe mich ausgepinkelt, habe mir Wasser ins Gesicht geklatscht, habe ein Kleenex genommen, bin ins Wohnzimmer zurückgegangen und hab ihr das Gesicht getrocknet und ihr einen Kuß gegeben.

Im ersten Augenblick Ablehnung, sie ist von mir weggerückt und hat mich ein bißchen angefaucht, ich habe sie ausdruckslos angesehen, ich weiß nicht, was ich machen soll, ich würde ihr gerne meine Gemütsverfassung begreiflich machen, nicht um wieder alles zurechtzurücken, sondern nur, um ihr zu sagen, was ich in diesem Augenblick bin, was ich gerade fühle.

Ich starre sie schon seit einer Weile an, da ganz

plötzlich, als hätte sie es gepackt, als hätte sie mich verstanden, hat sie mich umarmt und an sich gedrückt. Aber weder ich noch sie wollen die üblichen Mechanismen wiederholen, aber diese Angst vergeht, als die Umarmung, das Aneinanderklammern zu einer Mischung aus Gefühlen zwischen Angst und tiefer Liebe wird, einer Lust zu siegen, komme, was da wolle.

Nun redet sie, spricht weinend von dem, was sie gerade durchmacht, von der Furcht, nicht so leben zu können, wie man möchte, auf ein einzelnes Moment voll und ganz einzugehen, ist schwer, Lust, alle zu wecken und aufzurütteln, zu schreien, sich endlich von dem befreien zu können, was uns bedrückt, aufzuhören, gegenseitig auf uns rumzutrampeln, uns gegenseitig weh zu tun wegen Dingen, die man uns aufgezwungen hat, das Alte zu zerstören, um Platz für das Neue zu schaffen, sich zusammengehörig zu fühlen, um auf der ganzen Linie und in jeder Hinsicht als Sieger hervorzugehen.

Aber es bleibt viel Traurigkeit, man sieht sie in unseren Augen, in ihren. Wir stehen vom Sofa auf, gehen zu Bett, sie bleibt halb ausgezogen mit vom vielen Weinen etwas verquollenem Gesicht auf dem Bettrand sitzen und raucht eine Zigarette. Wir haben uns ein bißchen eingewiegt.

Ich lege mich ins Bett, die Hände hinter dem Kopf, die Bettdecken gehen mir bis zur Brust, und ich sehe sie an. In diesem Augenblick kommt eine

Freundin von uns rein, mehr zufällig als aus irgendeinem bestimmten Grund. Sie kriegt die Situation halbwegs mit und setzt sich neben Ruth. Man redet, man fragt sich gegenseitig, was los ist, wie es geht, man kuckt in die Augen, man küßt sich, und dann geht sie, sagt Ciao und wünscht uns eine gute Nacht.

Zurück bleibt die Stille, ein etwas spärliches Licht wacht über unsere Blicke. Nun liegen wir auf dem Bett und ich streichle ihren Kopf und versuche, an nichts mehr zu denken, mich gehen zu lassen, so zu sein, wie ich es möchte, und ich drücke sie an mich.

Sie fängt wieder an zu reden, sie bittet mich um ein bißchen Hilfe und sieht mich an, und zum erstenmal wird mir bewußt, wie schön ihre Augen sind, sie haben irgendwie was Orientalisches, Tiefgründiges. Jetzt bin ich völlig gepackt von ihrem Gesicht und habe eine irre Lust, ihr alles zu sagen, was ich empfinde.

Ich rede, ich erzähle ihr von ihren Augen, von ihrer Nase, ich nehme ihre Hand und lasse sie fühlen, wie glatt ihre Lippen sind, ich rede etwas zusammenhanglose Sätze, ich fühle mich wieder ganz klein, wie ein Kind, und gleichzeitig kriege ich es fertig, ihr zu sagen, daß ich sie liebe und nichts weiter. Mit einem Satz mache ich das Licht aus, das etwas vom Bett weg ist, und schlüpfe wieder ins Bett unter die Decke.

Das Dunkel bringt uns noch näher. Wir berühren

uns, machen es uns bequem, wir klammern uns aneinander so fest wie möglich.

Kann das alles wahr sein? Wird es denn auch andauern, wird unser Einfachersein uns etwas lehren?

Diese Antwort kann nur von uns kommen, daraus, wie wir handeln und uns verhalten.

Die Nacht ist vergangen, wir sind aufgewacht und haben uns angesehen.

Die Antwort können nur wir geben.»

So geht alles Tag für Tag weiter, und diese Rollenkrise, diese Krise des Mannes, die möchte ich wirklich zum Teufel jagen. Nicht, daß ich mich hinter falschen Theorien verschanzen möchte, aber ich denke, daß in einem Augenblick wie diesem alles in Frage gestellt wird, und wenn man das oft tut, fühlt man sich halt ein bißchen verloren.

Ich will auch nicht sagen, daß ich nie reaktionär gegenüber der Frau im allgemeinen gewesen wäre. Im Gegenteil, und gerade deshalb muß man alles in Frage stellen, man muß Kritik und Selbstkritik üben können, um eben die Zustände zu bessern.

Aber in Frage stellen heißt nicht notwendigerweise in die Krise geraten. Sicher kann es unheimlich beschissene, schwierige Momente geben, man muß sich Tag für Tag offenlegen, immer weiter, man muß die Rollen, die man erfindet, die Formen, die es gibt, wieder ins rechte Maß zurückführen. Das ist schwer, verlangt Einsatz und kann dich in die Krise bringen, aber es ist zugleich auch schön, in dieser Hinsicht zu wachsen.

Es muß gesagt werden, daß, wenn ich mit Ruth über diese Dinge sprach, oft das, was sie sagte, ziemlich klar war, vor allem im Hinblick auf den Feminismus, auf das Bedürfnis, eine kleine Diskussionsgruppe zu haben, im Hinblick auf das Schülerkollektiv und vor allem im Hinblick auf mich, auf meine Rolle, und da sagt sie folgendes: «Du magst meine, unsere Gegenpartei sein, vielmehr du *bist* es, nicht so sehr durch das, was du tust, sondern durch das, was du darstellst, was dir deine Erziehung aufgezwungen und beigebracht hat. Folglich bin ich nicht sauer auf dich als Menschen, sondern wegen der Rolle, die du in dieser Gesellschaft innehast.

Du magst anständig sein, du magst dich gut benehmen und versuchen, so viel wie möglich zu verändern, und das mußt du auch tun, aber an den Grund dieser Sache sind nur wir gelangt.»

Das ist wohl oder übel das, was oftmals bei bestimmten Unterhaltungen oder Diskussionen rausgekommen ist, die wir zusammen hatten, und das nicht nur unter vier Augen.

Für mich war es schwer, das zu akzeptieren, solange ich nicht verstanden hatte, was denn diese Zweiteilung (für mich) bedeutete.

In der Theorie kommt mir das nicht schwer verständlich vor, aber in der Praxis vermischt sich alles mit Momenten von Egoismus, Ausgeflipptsein und

Überheblichkeit, und es ist immer dieselbe Geschichte: solange ich nicht bis zu einem gewissen Punkt in Hochstimmung bin, habe ich nicht die Kraft, alles zu verstehen und zu akzeptieren, was sich da um diese Probleme herum gebildet hat.

Aber was heißt nun im Ernst verstehen und akzeptieren?

Ich glaube, man muß sich in der Praxis möglichst stark darum bemühen, daß man sich so verhält und so lebt, daß man es vor allem schafft, gleich zu sein, keine Rollen zu haben, die einen auseinanderbringen können, nicht nur Leute verschiedenen Geschlechts, sondern auch Leute des gleichen Geschlechts, daß man spielen und auf eine andere Art lustig zu sein lernt, aber nicht darum, weil eine bestimmte Ideologie jetzt Mode ist, sondern weil du selbst es bist, der es will, weil du merkst, daß du Leuten weh tun kannst und sie dir, weil du das Bedürfnis empfindest, anders zu sein, aber gleichzeitig mehr als du selbst, aufrichtiger und wahrhaftiger.

Aber wenn diese Dinge auch vielerorts diskutiert werden, auf Versammlungen, in Parteilokalen, an den Schulen, unter Genossen und Genossinnen, sehe ich, daß sich doch sehr wenig ändert. Man theoretisiert und theoretisiert, aber es ist nur schwer zu sehen, daß sich was ändert. In meiner eigenen Schule, die als linke Schule gilt, sind die am stärksten politisierten Anführer gerade die, die dann in der Praxis, wenn man beisammensitzt, sich als die verbohrtesten und reaktionärsten Typen erweisen, die über die Köpfe der anderen wegsteigen und sich oft auch noch unheimlich was drauf einbilden.

Und schließlich sind aus der Welt der Erwachsenen nicht viele positive Beispiele zu melden.

Die Paare, das heißt also, die Zweierbeziehungen lösen sich auf wie Schnee in der Sonne, man fühlt sich elend, aber was geschieht dann? Man macht sich immer wieder an dieselbe Art von Beziehung, vielleicht wechselt der Partner, aber der Kern der Sache bleibt immer derselbe.

Ganz zu schweigen schließlich vom Mann ab vierundzwanzig bis über dreißig, oft ist er die reaktionärste und unbeweglichste Erscheinung, wie die alten Vierzigjährigen, oder Fünfzigjährigen, sprich unsere Väter. Sie rühren sich keine Handbreit und reden und theoretisieren über ihre Schutzmaßnahmen, die sie tagtäglich um sich aufbauen, um überleben zu können.

Nicht, daß ich einen besonderen Piek auf diese Leute hätte, aber die Beispiele, die ich vor Augen habe, sind ziemlich sonnenklar.

Im übrigen ist auch von den ‹neuen Generationen› nicht viel Neues gekommen, aber das liegt wirklich daran, daß wir uns nicht völlig von den Gestalten haben trennen können, die unsere älteren Brüder geschaffen haben und die nur den Faschisten, der zu vermöbeln war, im Auge hatten und sich als die Vorhut der Arbeiterbewegung fühlten.

Kurz und gut, wir haben uns so ziemlich in die Hand geschissen, wir Jüngeren mehr aus Schwäche als aus Mangel an Zielen, zumindest kann man die auch schaffen.

Die Droge hat ihren Teil dazu getan, denn in der Mehrzahl der Fälle wechselt man von was Positivem, nämlich wenn alle zusammen rauchen, auf Heroin über; die politische Interesselosigkeit an der Schule ist beeindruckend, wichtiger als sonst was ist der Meniskus von Rocca.*

Und deshalb, gerade weil die Lage ziemlich ernst ist, ist es notwendig, natürlich und echt zu sein, lieben zu lernen und einig zu sein, die nötige Einigkeit zu finden, um überleben zu können oder neue Wege zu finden, neue Antworten, denn mir zumindest ist das Überleben eigentlich eher wurscht.

Aber um dahin zu kommen, ist es notwendig, daß vor allem wir Männer uns ein bißchen zurücknehmen, unserem eigenen Ich gegenüber angriffslustiger sind und die Fähigkeit haben, das Kind in uns zu entdecken, damit wir alles intensiver erleben können.

Roberto

* Fußballer

Die Autoren

Marcello (der Intellektuelle), Guido (der Basisgenosse), Andrea (der Politiker) und Roberto (der Jüngste) sind zwischen 18 und 30. Sie gehören zur italienischen Neuen Linken und verstehen sich als in der Krise steckende «letzte Männer».

Der Herausgeber

Marco Lombardo-Radice (28), Sohn eines Mathematikers und Mitglieds des Zentralkomitees der KPI, lebt in Rom. Er ist Psychologe und arbeitet vor allem mit Jugendlichen. Für das Buch «Schweine mit Flügeln» von Rocco und Antonia schrieb er den Part des Rocco.

Die Übersetzer

Dieter Schwarz (39), der das Vorwort von Marco Lombardo-Radice und den Beitrag von Marcello (dem Intellektuellen) übersetzte, studierte Kunstwissenschaften und Germanistik und lebt in Berlin und Sizilien. Er übersetzte unter anderem Filme und Drehbücher Federico Fellinis und das Buch des italienischen Fußballspielers Paolo Sollier («Ein Porträt des Fußballspielers als junger Mann», Rowohlt 1978).

Wolfgang Sebastian Baur (27), der die Beiträge von Guido (dem Basisgenossen), Andrea (dem Politiker) und Roberto (dem Jüngsten) übersetzte, ist Schauspieler und zur Zeit an den Basler Theatern. Zugleich schreibt er an seiner romanistischen Magisterarbeit (TU Berlin). Er übersetzte «Schweine mit Flügeln» von Rocco und Antonia (Rowohlt 1977).

Helge Pross
Die Männer

Wie sehen Männer sich selbst und wie sehen sie die Frau? Wie sehen sich Männer in ihren verschiedenen Rollen – als Vater, als Ehegatte, als Liebhaber, im Beruf? Und wie beurteilen sie die Frau, was erwarten sie von ihr als Ehefrau, Liebespartnerin, Mutter, Berufsfrau?

Frauenfragen sind heute auch Männerfragen. Das wird namentlich von Männern, aber ebenso von vielen, einseitig auf ihre eigenen Probleme konzentrierten Frauen verkannt. Welche Folgen hat es für männliche Selbstdeutungen und für die Machtstellung der Männer in der Gesellschaft, wenn immer mehr Frauen eine anspruchsvolle Ausbildung erhalten und in qualifizierte Berufspositionen einziehen? Wenn sie Vorgesetzte von Männern werden? Wenn sie allmählich auch beginnen, mit Männern um politische Einflußstellen zu konkurrieren? Zu welchen Veränderungen hat der weibliche Gewinn an Gleichberechtigung für Männer geführt?

Die Darstellung basiert auf der Befragung von Männern im Alter von 20 bis 50 Jahren. In Gruppendiskussionen und an Hand eines ausführlichen Fragebogens haben sie Auskunft gegeben, wie sie das gegenwärtige Verhältnis zwischen den Geschlechtern sehen.

Das Buch ist nicht «männerfeindlich». Es ist ein Versuch, Männern einen Spiegel vorzuhalten, in dem sie sich als das sehen können, was sie sind und was sie sein sollten: verunsicherte Halbpatriarchen und aufgeschlossene, aufgeklärte Partner der Frauen. 192 Seiten. Brosch.

Als Taschenbuchausgabe liegt vor:
Die Wirklichkeit der Hausfrau
rororo sachbuch 6989

Rowohlt